ESSAY

KRITIK

MARGINALIEN

Carola Lentz, geb. 1954, Ethnologin, Seniorforschungsprofessorin am Institut für Ethnologie und Afrikastudien der Universität Mainz, Präsidentin des Goethe-Instituts. 2002 erschien *Imagining Futures: Memory and Belonging in an African Family* (zus. m. Isidore Lobnibe).
www.ifeas.uni-mainz.de/professuren/prof-dr-carola-lentz/

Teresa Koloma Beck, geb. 1977, Professorin für Soziologie an der Universität der Bundeswehr Hamburg. 2023 erschien *Zur Intervention. Afghanistan und die Folgen* (Hrsg. zus. m. Florian P. Kühn).

Omri Boehm, geb. 1979, Professor für Philosophie an der New Yorker New School for Social Research. 2022 erschien *Radikaler Universalismus. Jenseits von Identität*, 2024 *Die Realität der Ideale*.
boehm@newschool.edu

Thomas Biebricher, geb. 1974, Professor für Politikwissenschaft an der Goethe-Universität Frankfurt am Main. 2022 erschien *Geistig-moralische Wende: Die Erschöpfung des deutschen Konservatismus*; 2023 *Mitte/Rechts: Die Krise des internationalen Konservatismus*.
Biebricher@soz.uni-frankfurt.de

Adam Phillips, geb. 1954, Autor und Psychoanalytiker. 2024 erschien *On Giving Up* und *An nichts glauben: Warum Freud?*

Hanna Engelmeier, geb. 1983, Gastprofessorin im Studiengang Gesellschafts- und Wirtschaftskommunikation an der UdK Berlin. 2021 erschien *Trost. Vier Übungen*.
h.engelmeier@udk-berlin.de

Oliver Schlaudt, geb. 1978, lehrt Philosophie und Politische Ökonomie an der Hochschule für Gesellschaftsgestaltung HfGG in Koblenz. 2024 erschien *Zugemüllt. Eine müllphilosophische Deutschlandreise*.

Philip Manow, geb. 1963, Professor für Internationale Politische Ökonomie an der Universität Siegen. 2024 erschien *Unter Beobachtung. Die Bestimmung der liberalen Demokratie und ihrer Freunde*.
philip.manow@uni-siegen.de

Jens Soentgen, geb. 1967, Philosoph und Chemiker. Leiter des Wissenschaftszentrums Umwelt der Universität Augsburg. 2022 erschien *Staub. Alles über fast nichts*.
jens.soentgen@wzu.uni-augsburg.de

Christoph Paret, geb. 1985, Wissenschaftlicher Mitarbeiter am Institut für Philosophie der Universität Wien. 2023 erschien *Wer hat Angst vorm alten weißen Mann? Maren Ades Rendezvous mit Alain Badiou*.
christoph.paret@univie.ac.at

Albert Burneko, Journalist, Redakteur bei Defector.com. Dort erschien das Original des Beitrags am 11. September 2024 unter dem Titel *Neither Elon Musk Nor Anybody Else Will Ever Colonize Mars*.

Susanne Neuffer, geb. 1951, Autorin. 2019 erschien *Im Schuppen ein Mann*; 2022 *Sandstein. Zwei Novellen*.
www.susanne-neuffer.de

ZU DIESEM HEFT

Die brasilianischen Wasserfälle Sete Quedas kommen in Andreas Reckwitz' Bilanz der Verluste, die uns die Moderne beschert hat, nicht vor. Die Sete Quedas mussten dem Fortschritt in Form von Wasserkraftwerken weichen. Ein Verlust, dem in den offiziellen Bilanzen ein Gewinn an Nachhaltigkeit der Energiegewinnung entspricht. Aber selbst wenn das so wäre – und auch an dieser Gesamtbilanz hat Jens Soentgen in seinem Text *Das Verschwinden der Wasserfälle* seine Zweifel –, änderte das nichts daran, dass mit der Nutzbarmachung der Wasserkraft Schönes und Erhabenes verloren geht.

Den »Verlust« annonciert Andreas Reckwitz im Untertitel seines neuen Buchs als »Grundproblem der Moderne« – eine frühere Fassung der Thesen war als *Verlust und Moderne – eine Kartierung* im Januar 2022 im *Merkur* erschienen. Eine überzeugende Bilanz der Verluste jedoch legt Reckwitz gar nicht vor – so einer von Oliver Schlaudts Einwänden in seiner Kritik. Denn so umfassend und in mancher Hinsicht auch subtil die Verlust-Beschreibungen ausfallen, man habe doch den Eindruck, »dass Reckwitz immer wieder die Notbremse ziehen muss«, indem er den Blick von den Verheerungen, die der Fortschritt anrichtet, und von den Gründen dafür, geradezu zwanghaft abzuwenden versucht.

Die Frage nach dem Fortschritt und dem Umgang mit seinen Folgen, nicht zuletzt für die Umwelt, zieht sich durch viele Beiträge dieses Hefts. Von einem von Elon Musk vorgeschlagenen möglichen Ausweg, nämlich in Richtung Mars, rät Albert Burneko nachdrücklich ab. Auch Thomas Biebrichers Frage danach, warum die eigentlich konservative Idee des Verzichts für viele Konservative heute zum Gottseibeiuns geworden ist, berührt dieses Thema.

CD / EK

Carola Lentz / Teresa Koloma Beck / Omri Boehm

Die Zukunft unseres Erinnerns

Ein kulturpolitisches Gespräch

C*arola Lentz*: Wir drei haben unterschiedliche disziplinäre Hintergründe, und wir haben in verschiedenen Gesellschaften gelebt und geforscht. Ich möchte diese Erfahrungen gerne nutzen, um die derzeit besonders kontrovers geführten deutschen Debatten über Erinnerungskultur einmal »von außen« zu betrachten, im internationalen Vergleich. Ich schlage vor, dass wir uns dabei auf das Erinnern konzentrieren, das im öffentlichen Raum stattfindet und von staatlichen Akteuren organisiert oder mit staatlichen Mitteln subventioniert wird. Dieses Erinnern ist zunächst einmal eine Tätigkeit, oder genauer: ein Bündel von unterschiedlichen Praktiken, die durch unterschiedliche Härtegrade und Organisiertheit geprägt sind. Das Spektrum reicht dabei von in Granit gemeißelten Denkmälern, von etablierten Museen und Archiven über gesetzlich verankerte jährliche Feiertage, Gedenkrituale und kanonisierte Schulbuchtexte bis hin zu flüchtigeren Formen des Erinnerns in Podcasts, Fernsehserien, Theaterstücken oder gelegentlichen Zeitungsbeiträgen.

Diese unterschiedlichen Medien können unterschiedliche Inhalte transportieren und Vielstimmigkeit, aber auch Dissonanzen erzeugen, und sie werden von einer Pluralität von Akteuren betrieben, die teilweise miteinander kooperieren, teilweise aber auch konkurrieren, weil die Ressourcen begrenzt sind. Erinnerung ist zudem notwendig selektiv, Vergessen und Verschweigen gehören immer dazu. Und sie vollzieht sich in machtstrukturierten Feldern und verändert sich mit neuen politischen und gesellschaftlichen Herausforderungen.

Wir haben es hier also mit einer großen Vielfalt an Akteuren, Praktiken und Kontexten zu tun. Wie aber sieht es mit der Vielfalt der Erinnerungsgemeinschaften aus, in deren Namen all das unternommen wird? Wer ist das »Wir« in »unser Erinnern«? Welche Rolle spielen beim nationalstaatlich organisierten Erinnern einerseits kleinere, subnationale Erinnerungskollektive wie Migranten- und Exil-Communitys oder auch regionale oder lokale Erinnerungen? Und welche Bedeutung hat andererseits die Verflechtung des Nationalstaats in transnationale Kontexte – also etwa in die europäische Gemeinschaft oder aber auch in den historischen Kontext von Imperialismus und Kolonialismus? Inwiefern gehören Mitglieder der ehemals kolonisierten Gesellschaften in die nationalen Erinnerungsgemeinschaften hinein und sollten an der Gestaltung der entsprechenden Narrative teilhaben?[1]

Teresa Koloma Beck: Mit Blick auf den deutschen Kontext heute scheint mir relevant, dass ein gewisser Bruch zu beobachten ist zwischen dem, was als Erinnerungsgemeinschaft erzählt wird, und der tatsächlichen demografischen Verfasstheit der Gesellschaft. Die Erinnerungskultur, wie es im Kontext der Bundesrepublik genannt wird, ist eine große und hart erkämpfte Errungenschaft. Was heute als staatlich und öffentlich geteiltes Selbstverständnis gilt, begann als Aktivismus zivilgesellschaftlicher Organisationen, beispielsweise in der Geschichtswerkstättenbewegung in den 1980er Jahren. Die haben unermüdlich darauf gedrängt, die Erinnerung an die Verbrechen des Nationalsozialismus wachzuhalten, darauf bestanden, dass es Verantwortung zu übernehmen gilt, weil man schuldig geworden war. Das war eine große Errungenschaft, und die sollte nicht aufgegeben werden.

Nun hat aber mittlerweile jede fünfte Person in Deutschland eine Migrationsgeschichte, unter den Jüngeren sogar jede dritte. Das heißt: Es gibt immer mehr Menschen, die hier leben und Staatsbürger sind, die die deutsche Tätererfahrung, um die herum die Erinnerungskultur gebaut ist, nicht teilen. In den Gedenkstätten weiß man längst, dass es wichtig ist, auch Anknüpfungspunkte für Menschen herzustellen, die mit anderen Geschichten kommen. Doch in der breiteren öffentlichen Debatte dominiert noch immer ein um die Tätererfahrung herum organisiertes Narrativ.

Die Herausforderung besteht darin, das so weiterzuentwickeln, dass es der Pluralität der Gesellschaft gerecht wird. Denn sonst besteht die Gefahr, dass das institutionalisierte nationale Erinnern an die Gewaltgeschichte des NS ethnonationalistischen Vorstellungen von der Gesellschaft der Bundesrepublik Vorschub leistet. Aktuell ist ja öfter zu hören, dass »wir in Deutschland« aufgrund »unserer« historischen Verantwortung zu diesen oder jenen Fragen gar keine andere Position einnehmen können. Dafür mag es gute Gründe geben. Doch wenn so formuliert wird, sagt man eben auch, dass alle die, die familienbiografisch nicht Teil der deutschen Tätergeschichte sind, auch nicht zu diesem »Wir« gehören.

Omri Boehm: Ich denke, der Begriff der »deutschen Schuld« muss in mehrfacher Hinsicht erweitert werden, auch über die Frage hinaus, wer welchen Hintergrund hat. Selbst Menschen aus so genannten deutschstämmigen

1 Das Gespräch fand auf Einladung des Goethe-Instituts anlässlich des 70. Geburtstags seiner Präsidentin am 13. Mai 2024 in Berlin statt.

Familien entfernen sich mit den Jahren immer weiter vom Gefühl der Schuld. Ein Schuldgefühl oder die Erwartung eines Gefühls kann sich zwar auch auf das beziehen, was die eigenen Eltern, die eigenen Großeltern getan haben – irgendwann aber nicht mehr, vor allem, wenn man die Täter nicht mehr kennt und nicht mehr mit ihnen in Beziehung steht. Deshalb ist die Herausforderung, um die es geht, größer als der Gegensatz »ethnische Deutsche« versus »die anderen«. Der Schlüssel liegt meines Erachtens darin, zwischen Schuld und Verantwortung zu unterscheiden. Die Deutschen tragen Verantwortung für ihre Vergangenheit, ohne notwendigerweise schuldig oder persönlich betroffen zu sein. Die Grenze dieses Gedankens – eine fast absurde Grenze – ist die Vorstellung, dass auch jemand wie ich, ein deutscher Staatsbürger, die Verantwortung aller deutschen Staatsbürger tragen könnte, obwohl meine Großeltern dem Holocaust nur knapp entkommen sind und ihre Eltern ihn nicht überlebt haben.

Ich denke also, dass wir das Konzept der Verantwortung im Gegensatz zur Schuld annehmen müssen, wenn eine ernsthafte Beziehung zur Erinnerung überleben soll. Und wenn wir das tun, ändern sich die Subjekte der Verantwortung sofort. Das bedeutet nicht, dass bestimmte deutsche Perspektiven völlig verloren gehen oder der deutsche Staat die partikularen Perspektiven jedes Menschen, der nach Deutschland kommt, auf genau dieselbe Weise unterstützen muss. Das glaube ich nicht. Aber weil Deutsche nun auch deutsche Juden, deutsche Muslime und so weiter sein können, wird sich die Art und Weise, wie sich die Deutschen an ihre Vergangenheit erinnern, ändern müssen. Dieser Perspektivwechsel ist der beste Weg – eigentlich der einzige Weg –, um Verantwortung für die deutsche Vergangenheit zu übernehmen. Das war schon im Historikerstreit die logische Konsequenz aus Habermas' Beharren auf dem Verfassungspatriotismus und der Singularität des Holocaust. Aber das wird oft übersehen, vielleicht auch von Habermas selbst. Allzu oft wird die Rede von der deutschen Schuld zu einem Mittel, um diese Transformation zu verhindern und stattdessen das deutsche Nationalbewusstsein zu bekräftigen und die Schuld auf Kosten der Übernahme von Verantwortung zu feiern.

Was die Erinnerungspraxis in Israel betrifft, so sehe ich im Wesentlichen drei verschiedene Kreise, in denen sich die Erinnerung bewegt. Der erste ist der Holocaust. Der zweite: Während wir hier heute miteinander sprechen, feiert man in Israel Jom haZikaron, den Tag des Gedenkens an die gefallenen israelischen Soldaten, die ihr Leben im Kampf um die Gründung des Staates Israel verloren haben oder die später im Dienst der israelischen Streitkräfte getötet wurden. Dieser Nationalfeiertag ist für die Israelis nicht weniger wichtig als das Gedenken an den Holocaust, weil so viele

Menschen in Israel dazu eine persönliche Beziehung haben und weil der Fokus auf jüdisches Handeln und Heldentum anstelle der Opferrolle von großer Bedeutung ist. Der dritte Kreis der Erinnerung ist der des geförderten Vergessens der Nakba, des arabischen Begriffs für »Katastrophe«, der an die Massenvertreibung und Enteignung der Palästinenser während des arabisch-israelischen Krieges 1948 erinnert. Die Bedeutung der Zerstörung dieser Erinnerung in einem Staat, der so stark auf Erinnerung aufgebaut ist, kann gar nicht überschätzt werden.

Das vielleicht Interessanteste am Holocaust-Gedenken in Israel ist, wie spät es etabliert wurde. Die Erinnerung an den Holocaust wurde lange Zeit nicht als etwas angesehen, das die Israelis eint. Es war eine Erinnerung, die genutzt wurde, um Menschen voneinander zu unterscheiden, nicht sie zusammenzubringen. Zum einen war es eine private Erinnerung derjenigen, die aus Europa kamen, während die große Bevölkerungsgruppe der sephardischen Juden sie nicht teilte. Und zum anderen war es eine Erinnerung, für die man sich schämen musste, weil sie nicht in die Heldengeschichten der Gesellschaft passte. Wie bereits erwähnt, wollten sich die Israelis nicht als Opfer sehen – Jom haZikaron ist fast eine Alternative, die die Holocaust-Gedenkstätten ausgleicht. Heute ist es üblich, den Zionismus und den Staat Israel mit dem Holocaust in Verbindung zu bringen. Die frühen Zionisten lehnten diese Assoziation und folglich auch Praktiken zum Gedenken an den Holocaust aber ab. Ben-Gurion sagte irgendwo, dass Pogrome und der Holocaust kein Teil der jüdischen Geschichte seien, weil es vor der Staatsgründung keine jüdische Nation mit einer Geschichte gegeben habe.

Das änderte sich mit dem Eichmann-Prozess. Hier stellte Ben-Gurion das genannte Prinzip auf den Kopf. Es ist gut dokumentiert, dass einer der Gründe für die Durchführung der öffentlichen Verhandlung in Beit Ha'am – dem »Haus des Volkes«, einem umgebauten kommunalen Theater, das Hunderte von Zuschauern aufnehmen konnte – war, dafür zu sorgen, dass sich jeder für den Holocaust interessiert. Seit Mitte der 1960er Jahre müssen wir alle, jeder in Israel, so tun, als seien wir Auschwitz entkommen. Auch meine iranisch-jüdische Mutter tut das, aber ihr Vater tat es noch nicht. Natürlich, wenn wir sagen »wir alle«, dann schließt das diejenigen aus, die nicht dazugehören sollten, also die Palästinenser, die nicht an den offiziellen Gedenkfeiern zum Holocaust teilnehmen durften und die bis zu einem gewissen Grad auch als Erben des Nazismus und des Antisemitismus hingestellt wurden. Aus diesem Grund, so habe ich in *Haifa Republic* argumentiert,[2]

2 Omri Boehm, *Haifa Republic. A Democratic Future for Israel*. New York Review Books 2021.

tun die palästinensischen Vertreter, die sich in die Holocaust-Gedenkfeierlichkeiten einbringen, etwas, das nicht nur auf menschlicher Ebene nett ist, sondern radikal und transformativ.

Carola Lentz: Das führt uns zu einer wichtigen Frage: Was bedeutet es eigentlich für die Erinnerungspolitik, die auf Gemeinschaftsbildung und Nation-Building ausgerichtet sein soll, wenn die Gründungserzählung auf ein Staatsverbrechen oder eine Tätererzählung fokussiert ist – oder umgekehrt auf ein Opfernarrativ. Was bedeutet es, wenn man Gewalt in den Mittelpunkt stellt und nicht etwa eine Befreiung und das Erreichen von positiven Idealen?

Hier ist vielleicht der Blick auf einige Länder in Afrika instruktiv. Mir fällt da sofort Ruanda ein, wo der Genozid gerade dreißig Jahre her ist. Hier gibt es auf staatlicher Ebene bei den Gedenkpraktiken fast ein Erinnerungsverbot, was die ethnische Dimension des Genozids betrifft, denn ethnische Zugehörigkeit soll im Zuge des neuen Nation-Building keine Rolle mehr spielen. In einigen westafrikanischen Staaten spielte im Zuge der Dekolonisierung die Mobilisierung von ethnischen Identitätsidiomen eine wichtige Rolle, wenn es um die Verteilung von Ressourcen ging. Nation-Building hieß hier darum immer zum einen, den Staat zu stärken. Der Staat sollte liefern, und indem der Fokus auf die Gegenwart und eine gute Zukunft gerichtet wurde, konnte eine spaltende Erinnerungsarbeit gewissermaßen stillgestellt werden. Nach der Devise: »Es mag geschehen sein, was geschehen ist, jetzt sind wir alle Staatsbürger in diesem Land und schauen gemeinsam in die Zukunft; die Vergangenheit darf uns nicht mehr trennen.« Zum anderen wurden nationalisierende Erinnerungspraktiken eingeführt, etwa mit regional zirkulierenden Unabhängigkeitsfeiern samt multikultureller Veranstaltungen. So soll sich jede Region und ethnische Gruppe mit ihren traditionellen Gewändern, ihrer Musik und ihren Tänzen repräsentiert fühlen, ohne dass dadurch politischer Sprengstoff entsteht.

Der Unterschied zu Deutschland wäre vielleicht, dass es sich bei den afrikanischen Beispielen ja um unterschiedliche Bevölkerungsgruppen handelt, die eine lange gemeinsame, verflochtene Geschichte haben, auch wenn die konfliktreich war. Wie würde man das etwa mit Bezug auf türkischstämmige Zuwanderer in Deutschland argumentieren, die seit zwei oder höchstens drei Generationen hier leben? Ich bin mir nicht sicher, ob die Dauer des Zusammenlebens einen Unterschied macht in der Auseinandersetzung um eine gemeinsame Erinnerungsarbeit.

Omri Boehm: Ich wiederum bin mir nicht sicher, ob das Gedenken überhaupt einen Wert an sich hat. Im Gegensatz zur Geschichte ist die Erinnerung nicht nur kognitiv, sondern konativ. Sie präsentiert sich nicht in einer dritten, sondern in der ersten Personenbeschreibung, und sie ist immer mit einer Aufgabe verbunden. Das Gedächtnis verlangt etwas von uns. Doch was es verlangt, ist nicht Teil des faktischen Gedächtnisses, sondern offen für Interpretation, Missbrauch, Kritik und Infragestellung. Woran erinnern wir uns, und was befiehlt uns das Gedächtnis? Wenn wir uns einige der plausibelsten Überlegungen zu diesen Fragen ansehen, zum Beispiel Benedict Andersons Auseinandersetzung mit Ernest Renans Darstellung von Gedächtnis und Nation, dann klingt das in deutschen Ohren fast beleidigend, denn es legt nahe, dass das Erinnern wichtig ist, weil es uns erlaubt, zu vergessen. Das Vergessen ist für ein ziviles Konzept der Staatsbürgerschaft notwendig. Alles, was öffentlich erinnert wird, kann auch beiseitegelegt werden, und wir müssen in der Lage sein, Erinnerungen beiseitezulegen, um zusammenzukommen.

Wenn eine Nation als bürgerliche Idee, als liberale Idee, als ein Gebilde konzipiert wird, das durch Staatsbürgerschaft und nicht durch Blut, Sprache oder gar Schuld zusammengehalten wird, dann hängt der nationale Zusammenhalt nicht so sehr davon ab, woran man sich gemeinsam erinnert, sondern vom Vergessen. Wenn man glaubt, dass die deutsche Identität vom deutschen Nationalbewusstsein in ein Konzept der Staatsbürgerschaft transformiert werden muss – ich denke mit Habermas an einen Verfassungspatriotismus –, dann ermöglicht eine starke öffentliche Erinnerung an ein Ereignis wie den Holocaust tatsächlich, sich für andere Erinnerungen zu öffnen. Das ist, glaube ich, für die Deutschen schwer zu akzeptieren, und es muss sorgfältig verhandelt werden. Der aktuelle Widerstand gegen die Öffnung der deutschen Erinnerung hängt im besten Fall damit zusammen, dass das Gedenken an den Holocaust nicht selbstverständlich ist. Viele erinnern sich noch daran, was für eine späte Errungenschaft es für die deutsche Gesellschaft war, sich zu erinnern – eine Errungenschaft, die immer noch gefährdet ist und bewahrt werden sollte. Aber im schlimmsten Fall ist der Widerstand mit dem Wunsch verbunden, die Erinnerung zu nutzen, um eine letzte Instanz eines nationalen deutschen Bewusstseins zu konstruieren – eines Bewusstseins, dem nichtethnische Deutsche nicht angehören können. Ich fürchte, dass im gegenwärtigen Kontext die Möglichkeit einer Öffnung durch diesen Missbrauch untergraben wird.

Im israelischen Kontext ist das Gedenken an die Nakba nicht kriminell, aber es wird vom Staat unterdrückt. Wer der Nakba auf bestimmte Art und Weise gedenkt, wird entweder mit einer Geldstrafe belegt oder auf alle möglichen Arten von der staatlichen Finanzierung ausgeschlossen. Das bedeutet nicht, dass wir uns nicht an die Nakba erinnern, im Gegenteil, es bedeutet, dass wir sie nicht vergessen können. Hätten wir die Nakba als öffentliches Ereignis erinnert, könnten wir sie auch beiseitelegen.

Ich denke, dass diese dialektischen Fragen auch in Deutschland gestellt werden müssen, wenn auch, aus guten Gründen, sehr vorsichtig. Wir können auch beobachten, wie bestimmte Praktiken des Gedenkens es uns ermöglichen, voranzukommen. Ich wurde einmal gefragt: Können Sie in Deutschland spazieren gehen, ohne ständig an den Holocaust zu denken? Und meine Antwort war: Ja. Ich denke mehr an den Holocaust, als Sie sich vielleicht vorstellen können. Aber ich denke nicht immer daran, sonst würde ich mein Leben hier nicht mit meinem Kind teilen können. Ein Grund, warum das möglich ist, sind zum Beispiel die Stolpersteine. Die Tatsache, dass an allen Orten an den Holocaust erinnert wird, dass die Stolpersteine mich stolpern lassen, lässt mich eigentlich weitergehen. Die Erinnerung verlagert sich nach außen. Das erlaubt mir, mein Leben zu leben, ohne ständig an die deutsche Geschichte zu denken. Das wäre nicht möglich, wenn es diese Externalisierung der Erinnerung nicht gäbe.

Teresa Koloma Beck: Ich möchte hinzufügen, dass Erinnerung auch in Praktiken lebt, die überhaupt nichts mit Erinnerung zu tun haben. Ich habe letzte Woche mit Studierenden eine Exkursion in die Gedenkstätte des Konzentrationslagers Neuengamme gemacht. Viele waren erschüttert, als sie hörten, dass dieses Konzentrationslager nach dem Krieg für viele Jahre als Justizvollzugsanstalt genutzt wurde. In den letzten Jahren wurde in mehreren Städten über die Unterbringung von Geflüchteten in ehemals zu Konzentrationslagern gehörenden Gebäuden oder auf solchen Grundstücken diskutiert. In diesen Formen der Nachnutzung drückt sich auch ein Verhältnis zur Vergangenheit aus. Die JVA in Neuengamme wurde erst 2003 verlegt, und erst 2005 wurde das Gelände des früheren Konzentrationslagers zum Gedenkort, nicht zuletzt dank des Engagements von Bürgerinitiativen. Das Verhältnis zur Vergangenheit spiegelt sich nicht nur in den Gedenkorten, den Gedenktagen, den Feierreden und so weiter, sondern es drückt sich auch in banaleren Alltagsstrukturen aus.

Carola Lentz: In unserem Gespräch haben wir den Nationalstaat als erinnernde Gemeinschaft vorausgesetzt. Aber ich bin mir gar nicht sicher, ob das die relevante Gemeinschaft sein sollte. Bräuchten wir nicht auch eine europäische Erinnerungsgemeinschaft? Oder eine Erinnerungsgemeinschaft, die zum Beispiel die ehemaligen deutschen Kolonien wie etwa Tansania, Kamerun, Papua-Neuguinea mit einbezieht?

Und damit verbunden frage ich mich, ob wir denn eigentlich eine nationale »Basiserzählung« brauchen, wie der Soziologe Trutz von Trotha die unausweichlichen gemeinsamen Bezugspunkte der Selbsterzählung einer Gesellschaft genannt hat. Diese Basiserzählung würde als Wissensbestand allen vermittelt, die zur Erinnerungsgemeinschaft gehören sollen, und sie müsste immer wieder durch ein Bündel von Praktiken gefestigt werden. Was wäre die deutsche Basiserzählung? Wie steht eine Basiserzählung, die ja den Charakter eines Mythos bekommt, zu geschichtlichem Wissen? Denn in der Geschichte sind die vergangenen Verhältnisse immer ambivalent; wir haben fast nie ganz eindeutige Opfer-Täter-Dichotomien, sondern meist komplexe Formationen von Handelnden. Je mehr man geschichtlich weiß, desto schwieriger scheint es zu werden, machtvolle Mythen zu konstruieren, die auch emotional mobilisieren können. Wie sehen Sie das? Brauchen wir Mythen, brauchen wir mehr geschichtliches Wissen, brauchen wir Pluralität, oder brauchen wir eine Vereinheitlichung von Narrativen?

Omri Boehm: Wir brauchen definitiv keine Mythen. Die Erinnerung ist wichtig, der Mythos ist ein Weg, sie zu korrumpieren. Und leider ist das Gedenken an den Holocaust zunehmend mit Mythen verbunden. Das muss durch Kritik verhindert werden. Ich gehöre nicht zu denen, die sich empören, wenn Menschen die Singularität des Holocaust infrage stellen. Sie verstehen nicht einmal immer alle Begriffe der Debatte. Ist der Holocaust ein singuläres Ereignis oder nicht? Ich denke, in vielerlei Hinsicht ist er offensichtlich singulär, in anderer Hinsicht aber nicht. Oft erlebe ich die Diskussion über die Einzigartigkeit des Holocaust als eine Debatte, die bereits von einem Mythos ausgeht – die Gegner in dieser Debatte sind sich ähnlicher, als ihnen bewusst ist. Gelehrte diskutieren über die Singularität des Holocaust, so wie scholastische Theologen die Frage der Attribute Gottes erörtert haben, und wenn man auf einer der beiden Seiten die falsche Ansicht vertritt – zum Beispiel auf der Singularität des Holocaust beharrt –, dann meinen manche, man sage etwas sehr Gefährliches.

Mir scheint, dass es gute Gründe gibt, den Holocaust als singuläres Ereignis zu diskutieren. Aber die Singularitätsthese und ihr Verhältnis zum Recht, zu Tabus, zur Autorität in diesem Land muss sich der Kritik stellen. In dem Maß, in dem sich viele Befürworter der Singularität dagegen wehren, treten sie nicht wirklich für die Singularitätsthese ein, sondern für den Missbrauch dieser These und die Korrumpierung einer sehr bedeutenden Erinnerung. Um noch einmal zu fragen: Welche Bedeutung hat die Singularitätsthese? In Deutschland ist sie untrennbar mit der Autorität des Gesetzes verbunden. Eigentlich eignet sich die Idee, dass die Menschenwürde und nicht die deutsche nationale Souveränität am Anfang des Grundgesetzes steht, hervorragend, um das deutsche Verbrechen zu erfassen. Reicht das jetzt aus irgendeinem Grund nicht mehr aus? Brauchen wir ein Prinzip außerhalb der Verfassung, eine »Staatsräson«, eine Doktrin, die, wenn ich es richtig verstehe, nicht Teil der Verfassung sein kann und die festlegt, dass es bei »nie wieder« um die deutsche Verantwortung für die Juden geht, auch wenn Israel vielleicht schwerer Kriegsverbrechen angeklagt wird? Das ist die eigentliche Frage, auf die wir uns konzentrieren sollten. Mangels Kritik wird die Erinnerung zur Manipulation eines nationalen Mythos degradiert. Und mit dem Mythos wird die Erinnerung die Gründe konterkarieren, aus denen die Erinnerung in diesem Land so wichtig ist. Sie wird bekämpft werden und verloren gehen.

Carola Lentz: Wenn ich nochmal zuspitzen darf: Sie würden sagen, wir brauchen keine einigkeitsstiftenden Mythen?

Omri Boehm: Definitiv nicht.

Teresa Koloma Beck: Ich würde zustimmen und ergänzen, dass auch der Blick in die Geschichte zeigt, dass Mythen, die Einheit und Einigkeit stiften sollen, dazu neigen, Unheil anzurichten. Hinter der Frage steht die Prämisse, dass für den gesellschaftlichen Zusammenhalt Erzählungen erforderlich sind, die von allen geteilt werden. Sie knüpft an die Vorstellung an, dass Zusammenhalt auf geteilten Normen und Werten basiert, weshalb es wichtig ist, Normen festzulegen und Menschen auf diese zu verpflichten. Wie schwierig das ist, lässt sich aktuell in verschiedenen Feldern beobachten. In der Soziologie gibt es aber noch eine andere Perspektive auf diese Fragen. Sie betont, dass Zusammenhalt sich durch Praxis herstellen lässt. Gemeinsam an etwas zu arbeiten, an einem konkreten Problem oder Projekt, bringt Menschen zusammen und verbindet. Das geht auch unter den Bedingungen der Differenz. »Heterogene Kollaboration« nennt das meine Kollegin Tanja Bogusz. Je pluraler die Gesellschaft, umso schwieriger wird es, Zusammenhalt auf einem ausdifferenzierten Normengerüst aufbauen zu wollen. Natürlich gibt es bestimmte Basisnormen, auf die man sich tatsächlich verständigen muss. Das emphatische Aufeinanderbezogensein, das der Begriff des Zusammenhalts anspricht, können sie jedoch nicht erzeugen. Dafür braucht es Praxis. In diesem Sinn würde ich die Problematik der nationalen Erinnerung tatsächlich eher als Frage nach Erinnerungspraxis statt nach Erinnerungskultur rahmen.

Carola Lentz: Das ist auch der Grund, warum ich als Titel für unser Gespräch »Die Zukunft unseres Erinnerns« gewählt habe, um auf Erinnerungspraxis und nicht eine fest definierte Erinnerungskultur zu fokussieren. Was Sie beide gesagt haben, passt gut zu dem, was ich bei meiner Forschung zu Unabhängigkeitserinnerungen in afrikanischen Gesellschaften beobachtet habe.[3] In Namibia oder Südafrika zum Beispiel gibt es einen Gründungsmythos, nämlich dass die unabhängige Nation aus dem Kampf um die Unabhängigkeit heraus geboren wurde, als »struggle nation«. Darum zeigten auch Denkmäler des namibischen Staatsoberhaupts Sam Nujoma in den Jahren nach der Unabhängigkeit den Präsidenten immer mit der Kalaschnikow in der Hand, obwohl er, wie alle wissen, nicht aktiv in der Armee gekämpft hat, sondern als Diplomat die namibische Unabhängigkeit im Ausland unterstützt und ausgehandelt hat. Die dominante Erinnerung des »independence struggle« ist aber stark, und zwar auch, weil sie ethnische Differenzen überbrücken kann. Ganz ähnlich in Südafrika: Es geht dann nicht um Schwarze oder Weiße, um Zulu, Xhosa und andere, sondern es geht um die im Kampf vereinte »struggle nation«.

Aber diese Basiserzählung wirft Probleme auf. So stellte sich etwa die Frage, wie eigentlich mit Zivilisten umgegangen werden soll. Erinnerungspolitik ist in Namibia und andernorts auch mit Zugang zu Ressourcen verknüpft. Wer als Kriegsveteran anerkannt ist, bekommt eine Rente, Zugang zu Wohnraum und weitere Vorteile. Und damit setzen dann Debatten ein, ob sich die Definition der »Kämpfer für die Freiheit« auch zum Beispiel für die Zivilbevölkerung öffnen kann, die bewaffnete Kämpfer mit Ortskenntnissen unterstützt, sie versteckt, ihnen Nahrungsmittel geliefert hat und vieles mehr. Natürlich ging es dabei auch um symbolische Anerkennung. Zumindest die hat sich im Lauf der Jahrzehnte erweitert, und die nichtbewaffnete Unterstützung des Unabhängigkeitskampfs wurde diskursiv anerkannt. Aber diese Inklusion galt und gilt nicht für die Opfer der Unabhängigkeitsbewegung selbst, die »Verräter« eliminiert hat, und erst recht nicht für die Kollaborateure mit den südafrikanischen Besatzern. Zum Problem wird dieser Gründungsmythos auch für die nächste Generation, die »Born Frees«, die das heroische Narrativ nicht mehr vollständig nachvollziehen kann. Darum hat sich mit der Zeit das Bündel von Erinnerungspraktiken verändert, und neuere Denkmäler zeigen Sam Nujoma jetzt zum Beispiel mit einer Verfassung in der Hand statt mit der Kalaschnikow. Die früheren Denkmäler gibt es noch, aber sie stehen nicht mehr am zentralen Platz.

3 Carola Lentz/David Lowe, *Remembering Independence*. London: Routledge 2018.

Trotz aller Dynamik der Erinnerungspraktiken frage ich mich allerdings, ob es nicht doch zentrale Wissensbestände geben muss, die von allen in verschiedenen Ritualen gemeinsam erinnert werden. Bei aller Pluralität und dem Fokus auf gemeinsamer Praxis: Muss es noch einen Erzählkern geben, jedenfalls, wenn wir am Konzept einer Nation festhalten wollen?

Omri Boehm: Wir brauchen diese Geschichten, aber sie müssen offen bleiben, sie dürfen nicht zum Mythos werden. Im Hinblick auf unsere historische Verantwortung müssen wir das Konzept der Souveränität und der Staatsbürgerschaft neu überdenken. Wir müssen Konzepte der nationalen Souveränität überwinden, die mit einem engen Verständnis von Staatsbürgerschaft als durch ethnische oder nationale Identität definiert verbunden sind. Um diese Beschränkungen zu überwinden, brauchen wir Erinnerung oder, wie Teresa sagt, andere Formen des Erinnerns. Um einen Krieg aller gegen alle zu verhindern, brauchen wir kein nationalistisches Revival oder ein nationales Symbol, sondern genau das Gegenteil. Das bedeutet nicht, dass diese konstitutionelle Transformation nicht von der Erinnerung geleitet werden muss. Vielmehr ist diese Erkenntnis eine Form der Erinnerung.

In gewisser Weise ging es beim Historikerstreit 1.0 genau darum. Habermas und andere sagten, dass wir gerade wegen der deutschen Vergangenheit ein bestimmtes Konzept der ethnonationalen Staatsbürgerschaft überwinden sollten. In der Debatte ging es nicht in erster Linie um die Singularität des Holocaust, sondern um die Idee, dass Deutschland aufgrund seines historischen Verbrechens das nationale Bewusstsein durch einen Verfassungspatriotismus ersetzen müsse. Die Erinnerung oder das Erinnern wurde also gegen und nicht für die nationale Identität ins Feld geführt. Das ist der Grund, warum die Konservativen damals gegen Habermas waren. Zum Zeitpunkt des Historikerstreits 2.0 funktionierte es bereits genau andersherum. Das nationale Gedächtnis wird nun als die letzte legitime Form des deutschen Nationalbewusstseins gegen den Verfassungspatriotismus ins Feld geführt; wir bräuchten eine Grunderinnerung oder Basiserzählung, so die Argumentation, die singulär und geschlossen bleibt. Ich denke aber, dass diese Geschichte und die besondere deutsche Verantwortung nur geschützt werden können, wenn sie offen bleiben.

Zweifellos gibt es einen Zusammenhang zwischen dem Holocaust und der Existenz des Staates Israel. Und da die Geschichte im Gegensatz zum Mythos keine abgeschlossene Tatsache ist, bedeutet die Entdeckung, dass die Existenz des Staates Israel Teil der Geschichte des Holocaust ist, auch, dass die Geschichte der Nakba ebenfalls Teil dieser Geschichte ist. Das bedeutet nicht, dass die Verbrechen ähnlich sind – das sind sie nicht. Aber es bedeutet, dass sie in einem kausalen Verhältnis zueinander stehen. Und wenn die Deutschen den Holocaust nicht als Mythos, sondern als Geschichte begreifen wollen, müssen sie dies berücksichtigen. Wie verhält sich das zum Beispiel zu dem, was wir heute in Gaza sehen? Die Geschichte atmet, der Mythos atmet nicht, und deshalb wird er meiner Meinung nach zu etwas sehr Gefährlichem für die liberale Demokratie und die Staatsbürgerschaft.

Teresa Koloma Beck: Ich würde das gerne unterstreichen. Meiner Wahrnehmung nach steht im Zentrum der Debatten um Erinnerungskultur tatsächlich die Frage, wie sich ein Gemeinwesen unter den Bedingungen der Pluralität organisieren kann. Und diese Debatten werden in Deutschland nicht erst seit dem Krieg in Gaza heftig geführt. Es gibt eine lange Geschichte demografischer Pluralisierung in der Folge von Migration. Hinzu kommt die Pluralisierung von Lebensstilen. Die Gesellschaft der Bundesrepublik ist auf vielfältige Weise intensiv mit der Welt verflochten. Deshalb ist ihre Transformation nicht aufzuhalten. All das bringt Vorstellungen von der Nation unter Druck.

In aktuellen erinnerungskulturellen Kämpfen geht es zentral, wenn auch nicht immer explizit, um die Frage nach der Relevanz ethnonationaler Zugehörigkeit in der Gegenwartsgesellschaft. Es gibt politische Akteure, die das Primat ethnonationaler Zugehörigkeit rehabilitieren wollen. Dagegen gibt es viel Widerstand. Wichtig ist zu verstehen, dass auch das Festhalten an einer Erinnerungskultur, die an der Erfahrung der Nachfahren der NS-Täter orientiert ist, ethnonationalistisch formatierte Gesellschaftsvorstellungen enthalten kann – auch wenn dies zumeist nicht beabsichtigt ist.

Die Frage, die es eigentlich zu diskutieren gilt, lautet: Wie kann eine intern plurale Gesellschaft politisch verfasst sein, und wie setzt sie sich zum Rest der Welt in Bezug? Ich erinnere noch sehr lebhaft die Zeit der EU-Osterweiterung Anfang der 2000er Jahre. Hier konnte man miterleben, wie sich Staaten und Gesellschaften auf neue Weise organisierten. Das war ein Moment der Hoffnung, bisweilen regelrechter Euphorie, insbesondere unter jungen Menschen, die wie ich selbst östlich des Eisernen Vorhangs aufgewachsen waren. Die Zuversicht damals speiste sich nicht aus der Idee, dass ein neuer europäischer Staat die Nationalstaaten einfach ablösen würde, sondern aus dem Versprechen auf Öffnung und Pluralität.

Carola Lentz: Der gesellschaftliche Zusammenhalt hängt sicher nicht ausschließlich und vielleicht nicht einmal vorrangig von Erinnerungserzählungen ab. Doch wie unsere staatliche Gedenk- oder Erinnerungspolitik sich zu Deutschlands Kolonialverbrechen, dem Holocaust und der

SED-Vergangenheit positioniert, ist für die Frage, wie wir zusammenfinden können, durchaus relevant. Welche Rolle spielt Vergessen für den gesellschaftlichen Zusammenhalt, und welche Bedeutung haben Zukunftsvisionen?

Dazu kommt: Unterschiedliche Erinnerungspraktiken organisieren die Übernahme von historischer Verantwortung oder das Vergessen, den Appell an eine gemeinsame Erzählung oder die unterschiedlichen Perspektiven auf die Geschichte eben auch auf unterschiedliche Weise. Wenn ich hier an Ghana denke: Da packt man ein ganzes Bündel an historischen Inhalten in den einen Unabhängigkeitsfeiertag, und am Tag danach geht es wieder darum, die Gegenwart zu bewältigen und die Zukunft zu bauen. Rechtzeitig zum Feiertag sind die Zeitungen und Fernsehsendungen jedes Jahr voll von Kommentaren zur Frage, wo stehen wir jetzt nach sechzig Jahren Unabhängigkeit, wo sollten wir zum 75. Unabhängigkeitsjubiläum stehen – und tags darauf stehen wieder die alltäglichen politischen und gesellschaftlichen Konflikte im Zentrum. Feiertage bieten also eine zeitliche Struktur, wie Erinnerungen gelegentlich zusammengeführt werden und dann wieder auseinandergehen. Genauso könnte man an die Auslagerung von Erinnerung an materielle Zeichen denken, wie die Stolpersteine, die Omri erwähnt hat.

Wo geht die Reise in Sachen Erinnerung in Deutschland aktuell hin? Können wir beides erreichen: Öffnung für die Pluralität verschiedener Herkunftsgeschichten, aber auch ein minimales gemeinsames Geschichtsbewusstsein?

Omri Boehm: Dass sowohl aus Kiew als auch aus Tel Aviv Deutschland als Nation angesprochen wird, spielt sicher für die aktuelle Debatte eine Rolle. Ohne den Krieg in der Ukraine und in Gaza wäre das Lernen eines postnationalen Verfassungspatriotismus vielleicht in eine andere Richtung gegangen. Die Frage der Erinnerung ist an einem Ort wie Deutschland auch deshalb zentral, weil die Erinnerung untrennbar mit der Frage verbunden ist, wer das Recht hat, Bürger zu sein oder zu werden, Teil der Gesellschaft zu sein, Träger anderer Rechte zu sein, die gewährt werden müssen. Ohne einen verantwortungsvollen Umgang mit der Frage der Erinnerung wird die Staatsbürgerschaft völlig anders aussehen. Wenn wir zu sagen beginnen, dass bestimmte Gruppen von Menschen nicht Bürger werden können, wird die Frage der sozialen Rechte, die sie erhalten, irrelevant. Es wird leicht vergessen, muss aber betont werden: Wenn wir uns mit der Frage der Staatsbürgerschaft von Neuankömmlingen oder Ausländern befassen, stellen wir gleichzeitig die Frage, wie wir die Staatsbürgerschaft aller Personen verstehen, die hier in Deutschland leben. Betrachten die Deutschen ihre

Zugehörigkeit als deutsche Staatsbürgerschaft, oder sehen sie sich als Teil der deutschen Nation?

Die Ereignisse in der Ukraine und in Israel verleihen den Fragen, die wir hier diskutieren, große Dringlichkeit. Aber die Debatte hat schon vorher begonnen. Meiner Meinung nach war ein Grund, warum die israelische Frage so dringlich wurde, das Ende der Zweistaatenlösung. Das deutsche Verständnis war, dass man sich für einen jüdischen und demokratischen Staat einsetzen muss. Mit einigen Entwicklungen wurde jedoch klar, dass man offensichtlich keinen jüdischen und demokratischen Staat unterstützen kann, wenn es keine Zweistaatenlösung gibt, weil man nicht vortäuschen kann, in einem jüdischen Staat mit einer arabischen Mehrheit eine Demokratie zu etablieren. Doch warum viele immer noch an dem Mantra der Zweistaatenlösung festhalten, auch wenn es hoffnungslos ist: Sie können und wollen nicht über das Paradigma des jüdischen Staates hinausdenken, egal wie irrational es ist, egal was die Konsequenzen sind – auch für Israel. Außerdem glaube ich, dass viele der Menschen, die in den Medien Israel verteidigen und den Antisemitismus in der deutschen Bevölkerung bekämpfen, gar nicht so sehr an Israel und Antisemitismus interessiert sind. Einige schon, aber nicht alle. Vielmehr sind sie zutiefst daran interessiert, wie man das deutsche Nationalbewusstsein und die nationale Identität auf eine enge Art und Weise neu artikulieren kann, im Gegensatz zu dem Projekt, sie zu öffnen.

Teresa Koloma Beck: Die Frage nach der Erinnerungskultur ist für die Diskussion um gesellschaftlichen Zusammenhalt durchaus relevant. Denn mit Erinnerung wird Politik gemacht, innenpolitisch wie auch in der Außenpolitik. Das ist alles andere als trivial. Erinnerungskultur und Erinnerungspolitik hat auch Opfer, um es etwas dramatisch auszudrücken. Es geht nicht allein um die empirische Heterogenität der Gesellschaft, sondern vor allen Dingen darum, ein Bewusstsein dieser Heterogenität zuzulassen. Auch die Gesellschaft der 1970er Jahre war sowohl in der Bundesrepublik wie auch in der DDR sehr viel heterogener, als sie sich selbst erzählte. Dass es heute möglich ist, Pluralität zu thematisieren, ist für sich genommen schon ein großer Demokratisierungserfolg.

Hätte es die aktuelle Debatte um die Erinnerungskultur auch ohne die Kriege in der Ukraine und im Nahen Osten gegeben? Ich bin mir sicher: ja. Denn vieles von dem, was heute diskutiert wird, hat eine längere Vorgeschichte. Die Kontroverse um Achille Mbembe bei der Ruhrtriennale 2020 und die Debatte um die Documenta Fifteen waren wichtige Meilensteine.

Ich finde den Verweis auf den Krieg in der Ukraine trotzdem spannend, weil er auf eine große Leerstelle in der gesamtdeutschen Erinnerungskultur verweist, die auch wir in unserem Gespräch nicht adressiert haben: die historischen Erfahrungen im Osten der Bundesrepublik. In den dominanten bundesrepublikanischen Erinnerungserzählungen sind die Erfahrungen der Menschen in Ostdeutschland nicht abgebildet. Mit Blick auf den Krieg in der Ukraine wird das besonders deutlich. Wären Erfahrungen von Ostdeutschen im erinnerungskulturellen Horizont der Bundesrepublik aufgehoben, würden die politischen Diskussionen über diesen Krieg anders verlaufen.

Was wäre ein Blick in die Zukunft? Ich komme nochmal auf die Geschichtswerkstätten zurück. Mein Eindruck ist, dass die Arbeit an der Erinnerungskultur vor allen Dingen immer dann innovativ und transformierend war, wenn sie als zivilgesellschaftliches Projekt verstanden und betrieben wurde. Daran ließe sich anknüpfen.

Thomas Biebricher

Können Konservative verzichten?

Alles fing damit an, dass Robert Habeck, damals noch als nachdenklicher Politikerklärer und -macher gelobt, darüber sinnierte, dass man angesichts der Energiekrise doch vielleicht etwas kürzer duschen könnte. Da platzte Markus Söder der Kragen: Im Gespräch mit dem *Spiegel* befand der bayerische Ministerpräsident: »Die Wahrheit liegt nicht in der Dusche« und gab zu Protokoll, dass ihm die ewigen Verzichtsappelle der Grünen zusehends auf die Nerven gingen.[1] Das war Mitte 2022, und seitdem hat sich zwar vieles dramatisch verändert, Habecks Beliebtheitswerte etwa, aber manches auch überhaupt nicht, wie etwa die Stoßrichtung der Kritik an einer vermeintlichen grünen Verbotspolitik und eben jenen Verzichtsappellen: Nicht nur auf Fleisch und den regelmäßigen Kurztrip nach Mallorca sollten die Menschen nun verzichten, wenn es nach den Grünen gehe, sondern sogar auf diskriminierende Sprache. So empört man sich regelmäßig rechts der Mitte von Kubicki über Dobrindt und Merz bis hin zur Rechtsaußenfraktion um Weidel und Chrupalla. Und handelt es sich hier nicht tatsächlich um das Bedrohungsszenario einer neuen Kultur der (erzwungenen) Askese, ins Werk gesetzt von alarmistischen Weltverbesserern und unterstützt von akademischen Zuarbeitern, die dem Ganzen auch noch die normative Legitimation verschaffen? Man denke etwa an Philipp Lepenies' ebenfalls 2022 erschienenes Buch *Verbot und Verzicht*, in dem behauptet wird, es könne gute Gründe für beides geben.[2]

Nun haftet Verzichtsforderungen in der Tat oft etwas Problematisches an. Zunächst einmal ist die Frage des Verzichts eine ganz profane Distributionsfrage, bei der es um die Verteilung von Lasten und Zumutungen geht, darum, wer, warum, in welchem Maß auf was verzichten soll beziehungsweise muss. Abgesehen von dieser ökonomisch-materiellen Dimension gibt es auch noch die kulturelle. Hier kann der Verzicht schnell zum Distinktionsmerkmal von Lebensführungseliten werden, deren Selbstbeschränkung moralische Überlegenheit signalisieren soll und im Umkehrschluss dazu führt, dass sich diejenigen am unteren Ende der Einkommensskala nicht nur im Zeichen der allseits beschworenen Eigenverantwortung ihr eigenes relatives Scheitern im Kampf um geldwerten Erfolg zurechnen müssen. Diejenigen, die sich teure

1 *»Die Wahrheit liegt nicht in der Dusche«*. In: *Spiegel* vom 22. Juli 2022.

2 Philipp Lepenies, *Verbot und Verzicht. Politik aus dem Geiste des Unterlassens*. Berlin: Suhrkamp 2022.

Lebensmittel und ethischen Konsum schlicht nicht leisten können, sehen sich auch noch dem Vorwurf ausgesetzt, den Planeten kaputtzumachen. Die Responsibilisierung des Einzelnen,[3] dessen individuelles Handeln im Geist der Austerität zum entscheidenden Hebel zur Rettung des Planeten hochstilisiert wird, ist also alles andere als unschuldig.

Was aber doch überrascht, ist die Emphase, mit der sich im aktuellen Diskurs gerade Konservative gegen Verzichtsappelle verwahren. Vom Zehn-Punkte-Programm der Union von Mitte 2023 und dem 2024 verabschiedeten Grundsatzprogramm bis hin zu den unzähligen Reden in und außerhalb von Bierzelten, in denen gegen Verbot und Bevormundung gewettert wird, scheint es so, als ob es kaum etwas weniger Konservatives gäbe als Verzichtsappelle. Dabei ist das Gegenteil der Fall.

Als Konservative noch verzichten konnten

Blickt man in den Werte- und Tugendkatalog der konservativen Tradition im Allgemeinen und auch der christdemokratischen im Speziellen, dann kann man nur zu der Einschätzung gelangen, dass der Verzicht – sei es aus tugendhafter oder instrumenteller Einsicht – eigentlich zum Kernbestand des konservativen Ideenhaushalts gehört. Denn wer würde bestreiten, dass Konservative den klassisch protestantisch-kapitalistischen Wertekatalog gutheißen, wie er einst von Max Weber beschrieben wurde, in dem es um aufgeschobene Befriedigung, Sparsamkeit, Opferbereitschaft, Selbstdisziplin, kluge Voraussicht und Leistungsbereitschaft geht? Die Verzichtsdimension ist all diesen Vorstellungen auf die ein oder andere Art zu eigen. Der Verzicht war hier nicht nur ein notwendiges Übel, um ein bestimmtes Ziel – im Zweifelsfall wirtschaftlichen Profit – zu erreichen, sondern gewissermaßen auch Zweck an sich als Ausweis eines tugendhaften Charakters, der in der Lage ist, sich selbst die Zügel anzulegen – das Signum des Zivilisationsprozesses, wie er einst von Norbert Elias interpretiert wurde, und ein unverzichtbares Element eines jeden Habitus, der sich als bürgerlich versteht.

Nun kann man natürlich behaupten, dass es sich um konservative Folklore handele, die im zeitgenössischen Kontext allenfalls noch im Rahmen erbaulicher Sonntagsreden eine Rolle spielt. Doch dieser Eindruck täuscht, denn immerhin prägte seinerzeit die schwarz-gelbe Regierung Kohl/Genscher ihre Agenda mit der Formel der geistig-moralischen Wende, bei der es – etwas vereinfacht ausgedrückt – darum ging, die Werte von 1948 gegen

3 Zu diesem Konzept vgl. Catrin Heite/Veronika Magyar-Haas/Clarissa Schär (Hrsg.), *Responsibilisierung*. Wiesbaden: Springer 2024.

die von 1968 zu mobilisieren. Wo Letzteres für Hedonismus, Libertinage, Permissivität und Selbstverwirklichung stehe, sollten stattdessen wieder die Werte hochgehalten werden, die es ermöglicht hatten, dass einem in Trümmern liegenden Westdeutschland in der Nachkriegszeit der Wiederaufbau und ein veritables Wirtschaftswunder gelangen.[4] Hier wurde den Bürgern zumindest symbolisch etwas abverlangt, wenn auch nicht ganz klar war, wer genau auf was verzichten sollte, und die »Wende« sich ohnehin spätestens mit der Wiedervereinigung erledigt hatte.

Die Idee einer geistig-moralischen Erneuerung mit dem Ziel, einem postmaterialistischen Wertewandel entgegenzuwirken, war damals keineswegs eine der Ludwigshafener Provinz entsprungene Idiosynkrasie. Vielmehr zehrte das Kohl-Projekt von einem transatlantischen ideologischen Überbau, der seit den 1970er Jahren sowohl in den USA als auch in Deutschland unter dem Begriff des Neokonservatismus firmierte. Gerade in den Vereinigten Staaten unterzogen Autoren wie Irving Kristol oder Daniel Bell die zeitgenössische (Jugend)Kultur einer eingehenden Kritik: Der Konsumkapitalismus der Gegenwart produziere verweichlichte und narzisstische Ego-Hedonisten, die das kollektive materielle und ideelle Erbe, das über Generationen hinweg angehäuft worden sei, gedankenlos verprassten, weil sie schlicht nicht willens, aber auch nicht fähig seien, sich selbst in die Pflicht zu nehmen. Ich-Schwäche, ursprünglich ein wichtiges Element in der Diagnostik der Frankfurter Schule, wurde nun von der konservativen Kulturkritik vereinnahmt, diese mündete im Lauf der 1970er Jahre in breit diskutierten Krisenbefunden über »unregierbare« Gesellschaften und die »Anspruchsinflation« ihrer Bevölkerungen. Im angloamerikanischen Raum bereiteten diese den Weg für Thatcher und Reagan.[5] Kurz, der Antihedonismus des Verzichts galt hier aus (neo)konservativer Perspektive als Ausweis einer intakten Persönlichkeit, und man ging so weit, Wohl und Wehe des Westens daran zu knüpfen, dass ein solcher Persönlichkeitstypus in hinreichendem Maß auch in den jüngeren Alterskohorten anzutreffen sei.[6]

4 Vgl. Thomas Biebricher, *Geistig-moralische Wende. Die Erschöpfung des deutschen Konservatismus*. Berlin: Matthes & Seitz 2018.

5 Zu diesen Diskursen vgl. Michel J. Crozier/Samuel P. Huntington/Joji Watanuki, *The Crisis of Democracy. Report on the Governability of Democracies to the Trilateral Commission*. New York University Press 1975.

6 Manche Protagonisten jener Zeit, insbesondere Daniel Bell, sahen diese Bedingung immer weniger gegeben und wendeten sich später Asien (und seinen Werten) als neuer Speerspitze der (kapitalistischen) Zivilisation zu. Vgl. Daniel A. Bell, *Beyond Liberal Democracy. Political Thinking for an East Asian Context*. Princeton University Press 2006.

Um Beispiele für das konservative Lob des Verzichts zu finden, reicht aber schon der Blick auf die Debatte über die Schuldenbremse. In der Spätphase der Ära Merkel war die inhaltliche Ausgezehrtheit des christdemokratischen Konservatismus mit Händen zu greifen, mit großer Leidenschaft klammerte man sich damals in den Reihen der Union an die Maxime der schwarzen Null, also die Zielvorstellung eines ausgeglichenen Haushalts. Schließlich handelte es sich um das einzig verbliebene Erkennungsmerkmal der C-Parteien, das so auch als Ausweis des Konservativen im merkelianischen Christdemokratismus herhalten musste. Interessant daran ist im vorliegenden Kontext aber, dass es sich bei Schwarzer Null und Schuldenbremse um nichts anderes als mehr oder weniger kodifizierte Verzichtsforderungen handelt.

Natürlich verdeckt das *Framing* der Befürworter oftmals diese grundsätzliche Parallele, da suggeriert wird, dass nicht die Menschen, sondern »der Staat« sich einschränken müsse, damit zukünftige Generationen nicht in die Schuldknechtschaft hineingeboren würden. Aber das ist Augenwischerei. Im Kern stammt die Argumentation für eine Schuldenbremse aus der Zeit, in der Public-Choice-Ökonomen wie James M. Buchanan argumentierten, dass man der wachsenden Staatsverschuldung nur Herr werden könne, wenn man der politischen Praxis einen Riegel vorschob, bestimmten politischen Gruppen oder der Bevölkerung insgesamt kostenträchtige Versprechungen zu machen – in der Hoffnung, damit die eigenen Wiederwahlchancen zu verbessern.[7] Die Wurzel des Problems waren somit einerseits Bürgerinnen und Bürger, die nicht bereit waren, den Gürtel zugunsten von Kindern und Kindeskindern enger zu schnallen, wie andererseits Politiker, die opportunistisch Wohltaten aus dem steuer- und schuldenfinanzierten Füllhorn verteilten. Hinter Formulierungen wie der von einer »verantwortungsvollen Fiskalpolitik des Staates« verbirgt sich also letztlich die Forderung an die Bevölkerung, zum Wohl des Ganzen zu verzichten – etwa auf eine funktionierende öffentliche Infrastruktur.

Es soll hier aber nicht um die Schattenseiten der Schuldenbremse gehen, sondern um die bemerkenswerte Inkonsistenz einer Unionspolitik, die beständig Verzichtsforderungen beim politischen Gegner anprangert und dabei gleichzeitig den in der Schuldenbremse verfassungsrechtlich kodifizierten kollektiven Verzicht als unverzichtbare Komponente einer modernen konservativen Politik adelt.

7 James M. Buchanan/Richard E. Wagner, *Democracy in Deficit. The Political Legacy of Lord Keynes*. New York: Academic Press 1977.

Verzicht auf Verzicht – Drei Motive

Eine naheliegende Erklärung für die Haltung des christdemokratischen Konservatismus im deutschen Kontext, auf den sich die folgenden Ausführungen konzentrieren,[8] stellt auf Opportunitätsstrukturen und Positionierungen im politischen Raum ab. Im Lauf des Wahlkampfs 2021 musste die Union einen inhaltlichen Offenbarungseid leisten, als im Zeichen der Corona-Pandemie die zum Identitätskern erhobene schwarze Null geschleift worden war und nun beim besten Willen niemand mehr erkennen konnte, wofür die Christdemokratie eigentlich stehen sollte. Mit der Niederlage Laschets und Merz' Wahl zum Vorsitzenden war die Zeit für eine personelle und vor allem auch inhaltliche Erneuerung gekommen, zumal der neue Vorsitzende das Projekt der Erarbeitung eines Grundsatzprogramms noch von seiner Vor-Vorgängerin geerbt hatte. Es sollte parteiintern zu einer Vergewisserung über das Selbstverständnis der Christdemokratie dienen und nach außen die Wiedergewinnung eines inhaltlichen Profils dokumentieren.

Doch Grundsatzprogramme lassen sich sogar von selbsterklärten Machertypen wie Carsten Linnemann (»Einfach mal machen«), dem die Federführung übertragen wurde, nicht so einfach übers Knie brechen, will man die Basis nicht vor den Kopf stoßen. In der Zwischenzeit musste aber das gähnende inhaltliche Loch gefüllt werden, das die Ära Merkel (neben so vielen anderen Problemen) hinterlassen hatte. An der Spitze der Union setzte sich wohl auch angesichts dieses Vakuums, das auch nicht durch gelegentliche ›Zehn-Punkte-Pläne‹ gefüllt werden konnte, die Einschätzung durch, dass man, wenn man schon keine eigenen Positionen und Überzeugungen in petto hatte, zumindest übergangsweise ein mobilisierungsträchtiges Feindbild kultivieren könnte. Angesichts der Tatsache, dass der Konservatismus von jeher eine zutiefst reaktive Weltanschauung ist, die erst

8 Auf die Frage, inwiefern es auch einen grünen, sozialdemokratischen oder gar einen AfD-Konservatismus gibt, kann hier nicht eingegangen werden. Im Hinblick auf die Möglichkeit des Letzteren muss der Hinweis ausreichen, dass es zwar womöglich inhaltlich-substantielle Schnittmengen gibt, das Politikverständnis der AfD und vieler anderer rechtsautoritärer Parteien das zentrale konservative Motiv des Bewahrens aber zugunsten eines quasi-umstürzlerischen Projekts aufgegeben hat: Der Status quo ist nicht bewahrenswert und auch nicht mehr zu retten; es gilt vielmehr, »Dinge zu erschaffen, die zu erhalten sich lohnt«, wie es einst von Arthur Moeller van den Bruck formuliert wurde. Der Bewahrung muss zunächst die Disruption vorausgehen, womit sich dieses Projekt streng genommen außerhalb des konservativen Ideenkosmos stellt. Vgl. Thomas Biebricher, *Mitte/Rechts. Die internationale Krise des Konservatismus*. Berlin: Suhrkamp 2023.

von bestimmten Entwicklungen aktiviert wird, denen man Einhalt gebieten will, ist dies nicht ganz ungewöhnlich. Jedenfalls kristallisierte sich, halb kalkuliert, halb aus Mangel an Alternativen, eine Strategie heraus, die man im Englischen treffend und bündig als »Owning the Libs« bezeichnet und der die Grand Old Party in den USA schon seit etlichen Jahren folgt.

Es geht darum, dem politischen Gegner ein bestimmtes Label anzuhängen und sich an diesem Konstrukt dann politisch profitabel abzuarbeiten. Für den deutschen Kontext bedeutete das: Die Grünen mussten zur Verbots- und Verzichtspartei wohlmeinender, aber eigentlich autoritärer Gutmenschen und Besserwisser stilisiert werden, die anderen ihren Lebensstil aufzwingen wollen. Träfe diese Erzählung zu, dann würde als erstes Kuriosum daraus folgen, dass die Grünen eigentlich das repräsentierten, was sich in ferner Vergangenheit einmal Konservative anmaßten, nämlich eine Vorstellung der tugendhaften Lebensführung zu haben, von der man so überzeugt war, dass man sogar ganz paternalistisch voraussetzte, sie sei auch für andere die richtige. Das eigentliche Kuriosum besteht aber darin, dass die »krypto-konservativen« Grünen in Wahrheit weder verbieten noch Verzicht predigen wollen. Die Toxizität von allem, was nach Verzicht und Verbot riecht, ist mittlerweile so groß, dass man selbst bei der vermeintlichen Bastion dieses Denkens nichts damit zu tun haben möchte.

Schwerwiegender sind aber die Konsequenzen der Unions-Strategie. Zum einen hat man sich nolens volens an Sound und Positionen der AfD angeschmiegt, die in der genau gleichen Tonlage nicht nur die Politik der Ampel, sondern vor allem den bevormundenden Geist der Grünen geißelt. Diese Angleichung erklärt auch bis zu einem gewissen Punkt, warum die Union bislang nicht in der Lage war, mehr von der massiven Unbeliebtheit der Ampel-Regierung zu profitieren. Zum anderen hat man, zutiefst unkonservativ, langfristige strategische Optionen auf dem Altar der kurzfristig politisch opportunen Praxis geopfert. Schließlich gab es eine eindeutige habituelle Brücke, die den Weg für eine dauerhafte schwarz-grüne Hegemonie hätte ebnen können: Bürgerlichkeit hätte als die Zügelung der Affekte in unterschiedliche Richtungen ausbuchstabiert werden können, mit der Überzeugung als gemeinsamem Nenner, dass Verzicht sowohl in fiskal- als auch in klimapolitischer Hinsicht einen Dienst an der Gemeinschaft darstellt – eine gelebte Tugend der gegenwärtigen zum Wohle der zukünftigen Generation. Natürlich hätte das Widerspruch und damit eine Diskussion mit den politischen Wettbewerbern provoziert. Der Demokratie in Deutschland, die ja bisweilen als die postdemokratische Herrschaft der Alternativlosigkeit kritisiert wird, hätte eine solche Auseinandersetzung nicht unbedingt geschadet. Hinweise, wie man eine PR-Strategie für ein solches Programm stricken könnte, lieferte in einem *Zeit*-Interview von 2023 etwa der politische Kommunikationsexperte Karl-Rudolf Korte. Mit Blick auf die aktuellen Umbrüche und die damit einhergehenden Entbehrungen könne man von »Veränderungs-Patriotismus« sprechen und einer Politik, die »enkelfähig« sein müsse. Kortes Fazit: »Die Wende zum Weniger kann mehrheitsfähig sein, wenn der Rettung eine Richtung gegeben wird.«[9]

Kehren wir für einen Moment zurück zu der Parallele zwischen nachhaltiger Finanz- und Umweltpolitik und der auffallend unterschiedlichen Bedeutung, die von Seiten der Merz-Söder-Linnemann-Union der Selbstbeschränkung im Namen zukünftiger Generationen in beiden Fällen beigemessen wird. Womöglich ist es nicht der reine politische Opportunismus, der dafür sorgt, dass man sich in der Klimapolitik so ganz anders positioniert als in der Frage der öffentlichen Finanzen. Es könnte auch etwas mit dem komplizierten Erbe der konservativen Tradition im deutschen Kontext zu tun haben. Der deutsche Konservatismus unterhielt seit seinen Anfängen im 18. Jahrhundert ein überaus enges Verhältnis zur Tradition der Romantik. Die Vergangenheit spielte zwar auch für Edmund Burke eine zentrale Rolle; das geschichtliche Gewordensein der Gesellschaft und ihrer Institutionen war schließlich die zentrale Quelle konservativer Normativität. Die Idealisierung der mittelalterlichen Gesellschaft, die deutsche Konservative mit Romantikern wie Novalis oder Hölderlin teilten, sucht im internationalen Vergleich jedoch ihresgleichen.

Dies brachte den deutschen Konservatismus in seinen wichtigsten Strömungen spätestens ab dem Ende des 19. Jahrhunderts mit dem Aufkommen einer industriellen Massengesellschaft in eine schroffe Frontstellung gegen eine Moderne, die durch einige wirkmächtige Dichotomien gekennzeichnet und kritisiert wurde: Hatte die Vergangenheit noch mit »organischen Gemeinschaften« und einer »authentisch gewachsenen Kultur« aufwarten können, so war die Gegenwart aus konservativer Sicht deformiert zu einer Zivilisation der Oberflächlichkeit, in deren Gesellschaften nur noch Eigeninteresse, Wissenschaft, Industrie und Technik den Ton angaben. Dieser Kulturpessimismus sollte in der Zwischenkriegszeit komplexe Verbindungen sowohl mit der Konservativen Revolution als auch mit nationalsozialistischem Gedankengut eingehen.

Nachdem in der unmittelbaren Nachkriegszeit der Begriff des Konservativen aufgrund der Komplizenschaft mancher seiner Spielarten mit dem Nationalsozialismus gänzlich diskreditiert erschien, begann seine intellektuelle Renaissance Ende der 1950er Jahre im Zeichen einer geradezu dialektischen

9 *Flucht vor dem Frust*. Interview mit Tina Hildebrandt. In: *Zeit* vom 6. Juni 2023.

Volte, mit der man sich von der romantischen Prägung des deutschen Konservatismus vor 1945 lossagte. Stattdessen wurde nun eine technisierte, industrialisierte und verwissenschaftliche Welt mehr oder weniger umstandslos affirmiert.

Die zentralen Stichwortgeber waren Arnold Gehlen und Helmut Schelsky, dessen 1961 erschienener Essay *Der Mensch in der wissenschaftlichen Zivilisation* zu einem zentralen Dokument dieser neuen Strömung wurde, der Martin Greiffenhagen zehn Jahre später den Namen »technokratischer Konservatismus« gab.[10] Gehlen und vor allem Schelsky erschienen Wissenschaft und Technik als zentrale Prägekräfte zeitgenössischer Gesellschaften, aus denen sich unweigerlich Sachzwänge im Hinblick auf die Regierungstätigkeit ergäben, die wesentlich stärker auf den Rat von Experten angewiesen sei und sich eher an diesen statt an einem diffusen Willen des Volkes zu orientieren habe: die völlige Umkehrung im Hinblick auf die Einschätzung des kapitalistisch getriebenen technisch-wissenschaftlichen Fortschritts.

Von Technokratie zu Technophilie

Damit begann eine langwährende, aber notwendig spannungsreiche Liaison zwischen dem Geist des Bewahrens und der umstürzlerischen Kraft des technischen Fortschritts. Ermöglicht werden sollte diese Verbindung im Denken Schelskys und Gehlens durch einen starken Staat, umgeben von einem Kranz robuster Institutionen, die gemeinsam die kreativ-zerstörerischen Auswirkungen der Fortschrittskräfte eindämmen und abfedern, die kapitalistisch-technische Maschinerie ihrerseits aber auch vor Eingriffen schützen sollten. Wie Jürgen Habermas später hervorhob, bewahrte sich dieser Konservatismus zwar die tiefen Vorbehalte gegenüber einer kulturellen Moderne und ihren Werten von Selbstverwirklichung und Autonomie; der gesellschaftlichen Moderne von Kapitalismus, Wissenschaft und Technik verschrieb er sich aber mit Leib und Seele.[11] Und nur vor dem Hintergrund dieser verblüffenden Neupositionierung sollte Franz Josef Strauß dann zu Ende der 1960er die auf den ersten Blick widersinnige Überzeugung vertreten können, konservativ zu sein heiße, »an der Spitze des Fortschritts zu marschieren«.

10 Vgl. Helmut Schelsky, *Der Mensch in der wissenschaftlichen Zivilisation*. Wiesbaden: Springer 1961; Martin Greiffenhagen, *Technokratischer Konservatismus*. In: *Aus Politik und Zeitgeschichte*, Nr. 31, 1971.

11 Vgl. Jürgen Habermas, *Die Kulturkritik der Neokonservativen in den USA und in der Bundesrepublik*. In: *Merkur*, Nr. 413, November 1982.

Dass die Union heute in Finanz- und Klimapolitik so unterschiedlich agiert, auf der einen Seite also der Verzichtslogik der Schuldenbremse huldigt, aber in der Klimapolitik keinerlei Anlass zu entsprechenden Forderungen sieht, ist meiner Ansicht nach auch auf dieses Erbe zurückzuführen, das dem Konservatismus damals wie heute einen recht eigentümlichen Charakter verleiht. Auf die Frage, wie man denn auf die Herausforderungen des Klimawandels und anderer im weitesten Sinne ökologischer Probleme reagieren sollte, wenn nicht mithilfe von Verbot und Verzicht, erhält man von der Union ausweislich der jeweiligen Grundsatzprogramme und sonstiger Verlautbarungen durchgehend die Antwort, man setze auf technologische Lösungen, es bedürfe nur entsprechender Anreize, damit diese im Rahmen kapitalistischen Wettbewerbs gefunden würden.

Was sich hier besichtigen lässt, ist nicht einfach die Manifestation des alten technokratischen Konservatismus, denn von Superstrukturen, Expertokratie und Sachgesetzlichkeiten ist wenig die Rede. Vielmehr ist die Technokratie hier zur bloßen Technophilie zusammengeschrumpft, und da, wo sich der technokratische Konservatismus eine nüchtern-realistische Weltsicht bewahrte, in der es um das Überleben einer halbwegs zivilisierten Welt ging, nimmt die heutige Technikbegeisterung auf Seiten der Union geradezu utopische Züge an: Alle energiepolitischen Probleme werden gelöst sein, hat man erst den »weltweit ersten Fusionsreaktor« gebaut, wie es im CDU-Grundsatzprogramm avisiert wird.

Technological fix statt Verhaltensänderungen also, und damit vollzieht sich auch ein bemerkenswerter Rollentausch zwischen Konservativen und ihren links-grünen Antagonisten. Erstere hatten schließlich immer wieder vor den Gefahren des utopischen Denkens, vor selbstherrlichen Reißbrettentwürfen und wirklichkeitsfremden Wolkenkuckucksheimen gewarnt, die als typische Ausdrucksformen der Linken galten. Nun sind es die Konservativen, die ungedeckte Wechsel auf die Zukunft ausstellen und die im Hinblick auf die Menschheitsherausforderung des Klimawandels wenig außer der vagen Hoffnung auf Technik anzubieten haben. Hätte man vermutet, dass die konservative Maxime hier auf präventive Vorsichtsmaßnahmen hinausliefe, da man in jener Tradition doch immer wieder nüchtern mit dem Szenario des *worst case* kalkuliert hatte, so blickt man gegenwärtig mit einer geradezu rosaroten Brille in die Zukunft. Im schlimmsten Fall gibt es ja noch die Option des Geo-Engineering, und statt mühsamer Versuche, kollektive Verhaltensregime zu transformieren, schießt man einfach Schwefelpartikel in die Atmosphäre, um die Sonneneinstrahlung abzulenken.

Zumindest scheint dies der Fluchtpunkt der Perspektive des zeitgenössischen technophilen Konservatismus zu sein. Im Grunde handelt es sich dabei um eine Pervertierung der fundamentalen Intuition dieser Tradition, derzufolge bestimmte natürliche (oder naturalisierte) Zusammenhänge nicht zur menschlichen Disposition gestellt werden dürften und entsprechende Eingriffe katastrophale Auswirkungen zur Folge hätten.[12] Weitreichendere und in ihren Folgen unabsehbarere Eingriffe als die Manipulation des Klimasystems sind eigentlich kaum denkbar.

Die letzte Erklärung für die tiefe Antipathie von Konservativen gegenüber Verzichtsforderungen läuft zugespitzt auf die These einer zunehmenden Freidemokratisierung der Christdemokratie hinaus, die sich schon länger angedeutet, in der jüngsten Vergangenheit aber noch einmal verstärkt hat. Die Tendenz zum Paternalismus hat man sich inzwischen mit der Hinwendung zu dem abtrainiert, was etwa von Andreas Rödder als Liberalkonservatismus bezeichnet wird,[13] also der Verschwisterung von konservativen und liberalen Elementen, die auch das Ende des Kulturpessimismus mit autoritären Untertönen bedeutet, wie man ihn bei Gehlen noch fand.

Schon in den 1990er Jahren nahm die Christdemokratie immer stärkere Anleihen bei den wirtschaftspolitischen Rezepten des Neoliberalismus, gipfelnd in der Radikalität des Leipziger Programms 2003. Das verschwand zwar nach dem knappen Wahlsieg 2005 auf Nimmerwiedersehen in den Schubladen, aber mit dem Wechsel an der Spitze, mit Merz als Vorsitzendem und Linnemann als Generalsekretär, tritt die Tendenz zur Freidemokratisierung wieder deutlicher zutage. In der *Welt* skizzierte Linnemann 2023 seine Antwort auf die Frage: »Was ist konservativ?« in etwa so: Der Einzelne solle im Mittelpunkt stehen, er wisse selbst am besten, was das Gute und Richtige für ihn sei und reagiere am ehesten auf wirtschaftliche Anreize. Gute Politik sei unideologisch und könne nie die letzten Antworten bieten, Toleranz sei wichtig, und der Staat sollte sich auf seine Kernaufgaben beschränken. Es gab in diesem Beitrag keine Zeile, der nicht auch Christian Lindner unbesorgt hätte zustimmen können, selbst dem unvermeidlich eingestreuten Adenauer-Zitat: »Nehmen Sie die Menschen, wie sie sind – andere gibt es nicht.«[14]

Den Eindruck einer Freidemokratisierung bestätigt auch das Grundsatzprogramm, das nicht etwa Verantwortung, Gemeinschaft oder ähnliches

12 Zu dieser Figur als Versatzstück konservativer Diskurse vgl. Albert O. Hirschman, *The Rhetoric of Reaction. Perversity, Futility, Jeopardy*. Cambridge/Mass.: Harvard University Press 1991.

13 Andreas Rödder, *Konservativ 21.0. Eine Agenda für Deutschland*. München: Beck 2019.

14 Carsten Linnemann, *Nehmen wir die Menschen, wie sie sind*. In: *Welt* vom 3. Juli 2023.

zum zentralen Wert kürt, sondern eben die Freiheit. Man wird angesichts dieser Tendenzen den Eindruck nicht los, dass insbesondere Merz und Linnemann bei allem Leitkultur-Gerede und der Forderung nach einem gesellschaftlichen Dienstjahr ihre intellektuellen Stichwortgeber vor allem in der liberalen und nicht zuletzt der neoliberalen Tradition finden. Mit diesen Verschiebungen passt sich die CDU einem Zeitgeist an, dessen Einfluss von manch freidemokratischer Strömung bis hin zur AfD reicht und der durch einen zunehmend aggressiven Individualismus und damit korrespondierenden radikal negativen Freiheitsbegriff charakterisiert ist: Freiheit bedeutet die vollkommene Abwesenheit von Einmischung jeglicher Art ins eigene Denken und Handeln – und das schließt natürlich Verzichtsforderungen oder gar Verbote ein. Man will sich nichts sagen lassen, wittert überall Bevormundung und Zumutung und ist nur da ganz bei sich selbst, wo man auch den eigenen Affekten freien Lauf lassen kann.[15] Am Rande sei angemerkt, dass sich das Pathos der individuellen Freiheit in den Reihen der Union allerdings schnell erschöpft hat, wenn es um legalen Zugang zu Cannabis, die Entscheidung über die eigene Geschlechteridentität – oder gar die eigene Schwangerschaft geht. Ganz ohne Verbote geht es also selbst in der freidemokratisierten Christdemokratie nicht.

Aber für all diese Forderungen gibt es ja bereits die FDP – und die AfD. Wofür braucht man also eine Christdemokratie, die für sich zum Glaubenssatz erhoben hat, dass man den Menschen nichts, aber auch gar nichts mehr abverlangen darf oder soll – außer eben die Warte- und Ausfallzeiten bei der Bahn, die aus der Unterfinanzierung der öffentlichen Infrastruktur im Geiste »fiskalischer Disziplin« herrühren? Was ist die Daseinsberechtigung einer Union, die suggeriert, dass niemand aufgrund der planetarischen Herausforderungen des Klimawandels oder aus anderen Gründen auf irgendetwas verzichten muss und sich damit durchgehend auf Blühende-Landschaften-Terrain bewegt? Wozu braucht man konservative Politiker, die sich mit Händen und Füßen sträuben, ein wenig politischen Mut und Führungsstärke zu beweisen, indem man der Wahlbevölkerung auch bitteren, aber eben reinen Wein einschenkt beziehungsweise zumutet? Kann man auf solche Konservative nicht wirklich verzichten?

15 Carolin Amlinger und Oliver Nachtwey (*Gekränkte Freiheit. Aspekte des libertären Autoritarismus*. Berlin: Suhrkamp 2022) diagnostizieren hier eine »libertären Autoritarismus«. Wendy Brown (*Neoliberalism's Frankenstein: Authoritarian Freedom in Twenty-First Century »Democracies«*. In: *Critical Times*, Nr. 1/1 2018) verweist auf Marcuses Konzept der »repressiven Entsublimierung« in Verbindung mit einem nietzeanischen Nihilismus.

Übrigens fiel Linnemann immerhin doch noch etwas zum Thema Verzicht ein: Angesichts der allgegenwärtigen Krisen solle Scholz doch bitte auf den geplanten Ausbau des Bundeskanzleramts verzichten. Na also, geht doch.

Adam Phillips

Über das Ausgeschlossensein

Auf dem Boden zu liegen, so notierte Kafka einmal in seinem Tagebuch, hat den Vorteil, dass man nicht mehr hinfallen kann. Aber das ist eine Freiheit *von*, nicht eine Freiheit *für*: Man ist befreit von der Angst vor dem Fallen, aber was man mit dieser Freiheit anfangen will, ist noch lange nicht klar. Auf dem Boden zu liegen ist, mit anderen Worten, keine notwendige Voraussetzung für etwas anderes, das man tun könnte. Wenn Kafka ein Thema hat, dann ist es die Ausgrenzung – das Gefühl, ausgeschlossen zu sein. Es ist das Gefühl, fremd oder seltsam zu sein oder nicht teilnehmen zu können (oder, bei ihm persönlich, nicht heiraten zu können), und er verwandelt dieses Gefühl des Ausgeschlossenseins in den Wunsch, sich selbst auszuschließen. Wenn Kafkas Helden oder Antihelden nicht gerade beschreiben, inwiefern sie ausgeschlossen sind – selbst vom Gesetz, dessen Sinn es ist, alle Menschen einzuschließen –, machen sie die unheimliche Entdeckung, dass sie sich selbst ausgeschlossen haben, ohne es zu merken. Und, was vielleicht noch schlimmer ist, ohne dass es jemand bemerkt oder es jemanden kümmert: »Der grosse Schwimmer! Der grosse Schwimmer! riefen die Leute. Ich kam von der Olympiade in X, wo ich einen Weltrekord im Schwimmen erkämpft hatte. Ich stand auf der Freitreppe des Bahnhofes meiner Heimatsstadt – wo ist sie? – und blickte auf die in der Abenddämmerung undeutliche Menge. Ein Mädchen dem ich flüchtig über die Wange strich, hängte mir flink eine Schärpe um, auf der in einer fremden Sprache stand: Dem olympischen Sieger [...] Geehrte Festgäste! Ich habe zugegebenermassen einen Weltrekord, wenn Sie mich aber fragen würden wie ich ihn erreicht habe, könnte ich Ihnen nicht befriedigend antworten. Eigentlich kann ich nämlich gar nicht schwimmen. Seitjeher wollte ich es lernen, aber es hat sich keine Gelegenheit dazu gefunden. Wie kam es nun aber, dass ich von meinem Vaterland zur Olympiade geschickt wurde? Das ist eben auch die Frage die mich beschäftigt.«

Man könnte sagen, dass dieses Fragment aus dem August 1920 einem Traum gleicht – tatsächlich ist es von Kafka mit rätselhaften Traumelementen versehen: »meine Heimatstadt – wo ist sie?«, »die Olympiade in X«, die fremdartige Sprache auf der Schärpe. Und wenn es kein Traum ist, dann ist es zumindest wohl eine Wunschfantasie von einer unmöglichen Heldentat, der machtverliebte Tagtraum eines halbstarken Jungen, der einen Schwimmweltrekord aufstellt und die Erwachsenen bloßstellt. Oder es ist eine Art von Scherz. Aber der Witz geht auf Kosten aller: Der Gewinner hat etwas Außergewöhnliches angestellt, und niemand hat es bemerkt. Dieses außergewöhnliche Ereignis zieht weder Empörung oder Aufruhr noch Scham nach sich. Es wird nicht als Skandal oder Travestie oder Betrug verbucht. Es scheint von niemandem zur Kenntnis genommen worden zu sein, außer von dem Gewinner selbst, der in Wirklichkeit nicht schwimmen kann, und von uns, der Leserschaft.

Der Witz, wenn es denn ein Witz ist, besteht darin, dass Heldentum eine Funktion von Inkompetenz sein kann. Oder dass wir nur deshalb Gewinner haben, weil wir Verlierer sind. Oder dass der Beste in etwas zu sein, bedeutet, es nicht vollbringen zu können. Oder dass wir tatsächlich eine falsche Vorstellung davon haben, was Schwimmen bedeutet oder was es heißt, einen Wettkampf zu gewinnen, oder was ein Wettkampf überhaupt ist. »Nichts, wenn man es überlegt«, schreibt Kafka in dem Fragment »Zum Nachdenken für Herrenreiter«, »kann dazu verlocken, in einem Wettrennen der erste sein zu wollen.« Gewinnen kann eine Beschreibung von etwas sein, das es nicht ist. Man kann sich irren in Bezug auf die vermeintlichen Objekte der Begierde. Der Wunsch zu gewinnen oder zumindest nicht zu verlieren, kann eine Methode sein, mich nicht mehr zu fragen, ob Wettkämpfe überhaupt mein Ding sind.

Auf gewisse Weise wurde jedermann von diesem olympischen Schwimmfinale, oder besser gesagt, von dieser Imitation eines olympischen Schwimmfinales, ausgeschlossen. Es war gar kein Finale, nicht einmal ein Wettkampf, denn der Sieger konnte nicht schwimmen. Wie, so Kafkas Rätsel für uns, konnte jemand, der nicht schwimmen kann, es so weit bringen? Was haben sich die Organisatoren und die Zuschauer – die Behörden und die Augenzeugen – dabei gedacht, geschweige denn der Nichtschwimmer selbst? Wie so oft bei dem, was wir modernistische Literatur nennen, fühlen wir uns bei dieser speziellen Geschichte solange außen vor, bis wir das Gefühl haben, dass wir sie verstanden oder auf eine Weise uminterpretiert haben, die ihr einen Sinn gibt. Auch wenn uns das Gefühl mehr als vertraut vorkommt, von einem Kunstwerk (oder durch das Kunstwerk selbst) ausgeschlossen zu sein, ist diese Erfahrung, wie Kafka andeutet, vielleicht gar nicht seltsamer, als sich einbezogen zu fühlen. Erfolge und Errungenschaften und Triumphe, wie ein Sieg bei den Olympischen Spielen, können eine Selbsttäuschung sein. Breitenwirksame und überwältigende gesellschaftliche Ereignisse können genau das sein, woran man nicht teilhaben will. Und vielleicht hatte man auch überhaupt nicht Anteil daran und hat es nicht gemerkt.

Zwei Monate, nachdem er über den Olympiasieger geschrieben hatte, schrieb Kafka, der selbst gern geschwommen ist, etwas anderes über das Schwimmen: »Ich kann schwimmen wie die andern, nur habe ich ein besseres

Gedächtnis als die andern, ich habe das einstige Nicht-schwimmen-können nicht vergessen. Da ich es aber nicht vergessen habe, hilft mir das Schwimmen-können nichts und ich kann doch nicht schwimmen.« Da es eine Zeit gab – und immer noch gibt –, als wir noch nicht schwimmen konnten, bleiben wir immer, irgendwo in uns, Menschen, die nicht schwimmen können. In dieser Geschichte geht die Ausgrenzung immer der Teilhabe voraus, und unser Ausgeschlossensein treibt uns für immer um. Der Nichtschwimmer ist immer in uns. Und die Frage, die Sigmund Freud zu formulieren und zu formalisieren versuchte, lautet: Welche Art von Beziehung führen wir mit diesen früheren Ichs? Als aufwachsende Kinder werden wir in die Gesellschaft eingeführt und schließlich in die Welt der Erwachsenen aufgenommen – so lautet zumindest die offizielle Version. Aber die Tatsache, dass wir zunächst nicht schwimmen konnten, bedeutet, dass wir immer noch nicht wirklich schwimmen können, selbst wenn wir eine Medaille bei Olympia gewinnen.

Dies ist eine Überlegung von außerordentlicher Tragweite. Nach dem bekannten Klischee der Romantik sowie der Romantik, die der Freudianismus darstellt, sind wir in Wirklichkeit immer noch die Kinder, die wir einmal waren. Daraus folgt, dass wir all die Dinge, die wir als Erwachsene tun, nicht wirklich zu tun imstande sind. Beherrschung und Entwicklung, Lernen aus Erfahrung und das Lernen selbst, ganz zu schweigen von erwachsener Sexualität und erwachsenem Sprachgebrauch, sind ein einziges großes Spurenverwischen. Das Ich mag zwar strebsam sein, aber es ist nie wirklich erfolgreich: Es kann vielleicht nichts anderes als streben – was all unseren kulturellen Idealen und Ambitionen Hohn spricht. Etwas zu wollen bedeutet, es nicht zu haben. Erfolg ist also, wie das Erwachsenwerden, eine Form der Verweigerung. Der Wettbewerb offenbart nichts. Erwachsensein ist eine Mogelpackung. Erwachsensein bedeutet, dass du und alle anderen dem Glauben aufsitzen, du hättest eine olympische Schwimmmedaille gewonnen, obwohl du nicht einmal schwimmen kannst. »Ein großer Schwimmer«, schreibt Kafkas Biograf Reiner Stach, »ist in Kafkas Bilderwelt ein Begriff der höchsten Wertschätzung.« Und Begriffe der höchsten Wertschätzung umweht – bei Kafka wie bei Freud – immer ein Hauch von Ironie. Wir bleiben immer außen vor, gerade dann, wenn wir mitgemeint zu sein scheinen. »Es gibt Hoffnung«, schreibt Kafka, »nur nicht für uns.« Da das Wesentliche zwar vorhanden ist, aber nicht zugänglich für uns, ist es in gewissem Sinne nicht wirklich da – so wie es keinen Olympiasieg für den Schwimmer gibt, weil der Schwimmer früher nicht schwimmen konnte und deshalb gar nicht gewonnen haben kann.

Für Kafka, für den die Freiheit *von* ein Weg war, die Freiheit *für* zu unterdrücken, stellte das Ausgeschlossensein weder eine Chance noch eine

Niederlage dar. Es war die Anerkennung von etwas Realem. Ein Mensch zu sein – zumindest ein moderner Mensch – bedeutet, von sich selbst und anderen ausgeschlossen zu sein. Für die ganz offensichtlich Ausgeschlossenen – zum Beispiel die emigrierten Juden der Generation Kafkas in der antisemitischen Gesellschaft von Prag – standen die Optionen Assimilation oder Zionismus zur Verfügung, die beide auf eigene Weise einen Ausschluss implizierten. Aber es gab auch Kafkas zurückweisende Frage und Antwort: »Was habe ich mit den Juden gemeinsam? Ich habe kaum etwas mit mir gemeinsam.«

Sigmund Freud vertrat die Ansicht, dass wir ein Leben lang daran arbeiten, uns aus unserem eigenen Leben auszuschließen, und dass wir sowieso nur durch Ausschlussmechanismen überleben können. Unser Unbewusstes schließt uns zugleich ein und aus. Für die Juden aus Freuds Generation in Wien war es nicht leicht, sich zu assimilieren. Doch Freud versuchte zu zeigen, dass das, was er für die menschliche Natur hielt, per Definition nicht mit sich selbst assimiliert werden kann. Nach Freuds Ansicht wollen die Menschen so wenig wie möglich mit sich selbst gemein haben. Die Juden mögen von der Wiener Kultur nicht für akzeptabel befunden worden sein, aber niemand wird auch nur annähernd von sich selbst akzeptabel gefunden. Für Freud stehen Menschen immer in einem radikalen Widerspruch zu dem Bild, das sie von sich haben. Und in Jacques Lacans radikalerer Lesart von Freud sagt dieser: »Für was auch immer wir uns halten, wir sind es nicht.«

Ob Freud nun über den Ödipuskomplex, die Negation oder den Todestrieb schrieb, das Verlassen und Verlassenwerden war für ihn immer konstitutiv für das, was wir sind. Wir erschaffen uns, indem wir uns aus uns verstoßen. Wenn wir auf psychoanalytische Weise vom Unbewussten, von Verdrängung, von Abwehrmechanismen oder vom dezentrierten Subjekt sprechen, geht es um das Ausschließen und Ausgeschlossenwerden von unserem Begehren, unserem Fühlen, unserem Denken. Wir sprechen über das Ausschließen und Ausgeschlossenwerden aus der Komplexität unseres begehrenden Selbst: Wenn wir, in Freuds berühmten Beispielen, nicht Herr im eigenen Haus und nicht Reiter auf dem eignen Pferd sind, was sind wir dann? Wir werden von genau dem ausgeschlossen, von dem wir dachten, dass es zu uns gehört. Freuds Augenmerk galt der Provokation, die es bedeutet, ausgeschlossen zu werden, sich ausgeschlossen zu fühlen oder das Bedürfnis nach Ausschluss zu haben. Er befasste sich mit dem, was wir in uns selbst und in anderen unbeachtet zu lassen versuchen, mit unserer Vorliebe für die Unwissenheit, mit unserer Angst vor unserem eigenen Begehren.

Freud aber widmete sich seiner Arbeit natürlich im Rahmen der Sprache. Und da die meisten Menschen sprechen können, sind wir im Großen und

Ganzen nicht von der Sprache ausgeschlossen – dem Medium, mit dem wir unsere Ausgeschlossenheit beschreiben. Beim elektiven Mutismus schließt sich das Kind willentlich vom Sprechen, von der Sprache selbst, aus. Auch als Erwachsene bleiben wir in ausgewählten Situationen stumm: Wir passen auf, was wir sagen. Wir neigen zwar nicht dazu, andere Menschen von der Sprache im Allgemeinen auszuschließen, aber durch Zensur schließen wir sie von bestimmten Arten von Sprache aus. Zu Beginn können wir nicht sprechen, und dann sprechen wir, und eines der Dinge, für die wir die Sprache benutzen, wenn wir sie beherrschen, ist ausschließen. Und doch können wir, nach Kafka, nicht wirklich sprechen, weil wir zu Beginn nicht sprechen konnten. Oder in Freuds Worten: Wenn wir sprechen, wissen wir nie ganz genau, was wir sagen. Wir sagen mehr, als wir beabsichtigen, und wir lassen mehr aus, als uns klar ist.

»Ganz leicht ist es nicht«, schrieb Freud 1897 an seinen Kollegen und Mitarbeiter Wilhelm Fließ: »Ganz ehrlich mit sich sein ist eine gute Übung. Ein einziger Gedanke von allgemeinem Wert ist mir aufgegangen. Ich habe die Verliebtheit in die Mutter und die Eifersucht gegen den Vater auch bei mir gefunden und halte sie jetzt für ein allgemeines Ereignis früher Kindheit [...] Wenn das so ist, so versteht man die packende Macht des Königs Ödipus trotz aller Einwendungen, die der Verstand gegen die Fatumsvoraussetzung erhebt [...] die griechische Sage greift diesen Zwang auf, den jeder anerkennt, weil er dessen Existenz in sich verspürt hat. Jeder der Hörer war einmal im Keime und in der Phantasie ein solcher Ödipus [...] Flüchtig ist mir durch den Kopf gegangen, ob dasselbe nicht auch dem Hamlet zugrunde liegen möchte.«

In dieser frühen Formulierung dessen, was zum zentralen Mythos der Psychoanalyse wurde, entstanden aus Freuds Versuch, ganz ehrlich mit sich selbst zu sein, spricht er nicht explizit über die Tatsache, dass der Mythos von dem Wunsch handelt, die eigene Mutter zu heiraten – Sex mit ihr zu haben – und den Vater zu töten. Liebe zur Mutter und Eifersucht auf den Vater erscheinen harmlos, fast euphemistisch, wenn man sie mit der späteren Definition des Ödipuskomplexes vergleicht: »ein Zusammenspiel weitgehend unbewusster Vorstellungen und Gefühle, die sich um den Wunsch drehen, den Elternteil des jeweils anderen Geschlechts zu besitzen und den des gleichen Geschlechts aus dem Weg zu schaffen«, wie Charles Rycroft in seinem *Critical Dictionary of Psychoanalysis* schreibt.

Freud sprach ohne erkennbare Ironie von einem »positiven« Ödipuskomplex. Daraus folgt für ihn, dass es auch einen »negativen« Ödipuskomplex gibt, demzufolge »der Knabe« nicht nur »eine ambivalente Einstellung gegenüber seinem Vater und eine zärtliche Objektwahl für die Mutter« hat, sondern »er benimmt sich auch gleichzeitig wie ein Mädchen, er zeigt die zärtliche feminine Einstellung zum Vater und die ihr entsprechende eifersüchtig-feindselige gegen die Mutter.« Für Mädchen gilt das Entsprechende. Das Kind will beide Eltern töten und beide Eltern lieben. Mit dem Wunsch, den gleichgeschlechtlichen Elternteil zu eliminieren, zu töten, und den andersgeschlechtlichen Elternteil zu »besitzen«, und andersherum den andersgeschlechtlichen Elternteil zu töten und den gleichgeschlechtlichen Elternteil zu »besitzen«, will das Kind ein für alle Mal dem Ausgeschlossensein ein Ende setzen.

Freud sagt es nie genau so, aber es kann gut sein, dass wir unser ganzes Leben darauf verwenden, die Auswirkungen des Ausgeschlossenseins zu mildern und das Ausgeschlossenwerden zu antizipieren. Verlust fürchten wir, weil er uns von der Anwesenheit eines Menschen ausschließt: Wenn Menschen uns verlassen, und umso mehr noch, wenn sie sterben, dann werden wir für immer von ihrer Gesellschaft ausgeschlossen. Trauern ist angeblich das Beste, was wir gegen das endgültige Ausgeschlossensein tun können, oder vielleicht ist es das kulturell Meistempfohlene. Was können wir sonst noch tun, wenn wir auf diese Weise ausgeschlossen werden? Trauer mag die aussichtsloseste – sogar die absurdeste, am wenigsten erfolgversprechende – Form der Selbstheilung sein, wenn das Problem darin besteht, ausgeschlossen zu sein und sich ausgeschlossen zu fühlen.

Es gibt auch den gewöhnlichen Ödipuskomplex des täglichen Lebens. Der französischen Psychoanalytikerin Nicole Oury zufolge »wird das Schicksal des Kindes auch durch den undarstellbaren Ort seines Ursprungs, das Begehren zwischen Vater und Mutter, belastet«. Das Kind kann die Natur des Begehrens, durch das es gezeugt wurde, nie wirklich begreifen: Es ist von seiner eigenen Zeugung ausgeschlossen. Wenn das männliche Kind die Mutter »besitzen« kann, wird es niemals von ihrer Gegenwart ausgeschlossen sein, und wenn es den Vater töten kann, wird sie kein anderes Objekt der Begierde haben und das Kind keinen Rivalen. In einer wohlwollenderen und in mancher Hinsicht lehrreicheren Lesart des Ödipuskomplexes schlug Béla Grunberger vor, dass der Vater, der den Sohn vom Bett der Mutter wegstößt, der Hüter der zukünftigen Potenz des Kindes ist: Wenn der Sohn versuchen würde, mit seiner Mutter zu schlafen, wäre er körperlich über seine Grenzen gegangen und daher gedemütigt. Es lohnt sich, über die sehr realen Vorteile, ja, die Notwendigkeit des Ausgeschlossenseins nachzudenken und über die Mittel, es zu ertragen und sogar etwas daraus zu machen.

Wenn man ausgegrenzt wird, wird etwas anderes verfügbar, auch wenn das, was als Erstes empfunden wird, die schwierigen und bestürzenden

Gefühle des Ausgegrenztseins sind (das Gefühl, ausgegrenzt zu sein, wäre somit mit Lampenfieber vergleichbar). Das stets ambivalente Bedürfnis, ausgegrenzt zu werden, und der Wunsch, ausgegrenzt zu sein, müssen also in unser Repertoire aufgenommen werden. Der Ausschluss kann dazu führen, dass sich andere Möglichkeiten auftun, die bei einer Einbezogenheit undenkbar blieben. Wenn ich nicht zur Party eingeladen werde, muss ich vielleicht überlegen, was ich sonst noch will: Das Risiko besteht darin, dass die Party-Einladung mein Wollen für mich erledigt, dass ich mein Wollen an die Einladungen anderer delegieren könnte. Indem wir bereits wissen oder zu wissen glauben, was wir wollen, halten wir unsere Angst vor der Freiheit in Schach. Der Wunsch, nicht ausgeschlossen zu werden, sagt vielleicht wenig darüber aus, was wir eigentlich wollen, aber viel darüber, wie wir unserem Wollen ausweichen.

Freud betrachtet den unvermeidlichen Ausschluss des Kindes von der Sexualität der Eltern – der ersten Party, zu der wir nicht eingeladen sind – als die grundlegende und prägende Entwicklungserfahrung im Leben des Kindes. Alles hängt davon ab, was wir aus dem Gefühl des Ausgeschlossenseins machen. Das Leben des Kindes ist nach Freud ein »kumulatives Trauma« von Abwesenheiten, Ausschlüssen und Verbannungen: zuerst die Trennung von der Mutter, dann der Ausschluss aus der sexuellen Beziehung der Eltern, dann die Verdrängung durch die Geschwister und so weiter. Hinzu kommen all die gewöhnlichen Unfälle, Katastrophen und Frustrationen der Kindheit: das Fehlen der gewünschten Befriedigung, der benötigten Sicherheit, die unerfüllten Bedürfnisse, die unerkannten Sorgen, die das ganze Leben des Kindes prägen.

König Ödipus und Hamlet werden hier wichtig, weil diese Helden unter den kumulativen und letztlich tragischen Erfahrungen leiden, ausgeschlossen zu sein oder sich ausgeschlossen zu fühlen. In den Tragödien (niemals Komödien), die Freud nutzt, um Kindheitserfahrungen zu versinnbildlichen, geht es um den Versuch des tragischen Helden, sich von den Qualen der Ausgrenzung zu kurieren. Hamlet, Othello, König Lear, Macbeth, Coriolanus und Timon – um nur die Beispiele aus Shakespeares Dramen zu nennen – leiden alle unter unerträglicher, mörderischer Eifersucht und Neid, den Symptomen des Ausgeschlossenen. Als Reaktion auf sein Gefühl des Ausgeschlossenseins richtet der tragische Held Unheil an und macht sich auf, das Problem des Ausschlusses zu lösen, indem er im Gegenzug diejenigen, die ihn ausgeschlossen haben, auszuschließen versucht. Der tragische Held will, wie es der Psychoanalytiker Robert Stoller ausdrückt, »das Trauma in einen Triumph verwandeln« und versucht, den Spieß umzudrehen. Das

Ausgeschlossensein beginnt als Tragödie, und die Tragödie, so Freud, ist ein wesentlicher Bestandteil von Entwicklung. Die Entwicklungsfrage – die moralische Frage – lautet also: Gibt es eine andere und bessere Lösung für das Gefühl, ausgeschlossen zu sein, als Rache? Wenn wir nicht zum Gegenschlag ausholen, gegen die anderen und gegen uns selbst, was können wir stattdessen tun? Wenn ich die Frau oder den Mann töte, die mich verraten haben, wandle ich meine Passivität in Aktion: Sie haben meine Ausgrenzung organisiert, also organisiere ich ihre. Aber wenn ich die Frau töte, die ich liebe und von der ich glaube, dass sie mich verraten hat, bin ich für immer von ihrer Gesellschaft ausgeschlossen. Rache macht den Ausschluss dauerhaft.

Freud verwendet den Begriff der Urszene für die Fantasie des Kindes über die sexuelle Beziehung der Eltern, das Geheimnis, von dem es unweigerlich ausgeschlossen ist und das in ihm Eifersucht, Neid und Rachegefühle auslösen kann. Die Urszene, schreiben Laplanche und Pontalis in *Das Vokabular der Psychoanalyse*, ist die »Szene der sexuellen Beziehung zwischen den Eltern, die beobachtet oder aufgrund bestimmter Anzeichen vom Kind vermutet und phantasiert wird. Es deutet sie im allgemeinen als einen Akt der Gewalt von seiten des Vaters.« Wir müssen uns vergegenwärtigen, wie fremd, wie unverständlich, wie »undarstellbar« die sexuelle Beziehung der Eltern für das Kind ist. Etwas Derartiges hat es noch nie gesehen oder sich vorgestellt. Das Kind wird etwas vom Begehren seiner Eltern spüren, aber es wird nicht wissen, was es ist, auch wenn es das Kind erregt und ängstigt. In Freuds Darstellung unseres ersten und wichtigsten Ausgeschlossenseins weiß das Kind, was auch immer es erlebt, letztlich nicht, wovon es ausgeschlossen ist. Und die Erwachsenen wissen nicht, wie es möglicherweise einbezogen werden könnte – oder besser gesagt, sie wissen, dass das nicht möglich ist. In seiner Unwissenheit projiziert das Kind seine eigene Gewalt in die Szene und nimmt Sex als männliche Aggression wahr. (Das Kind wird, wie der Psychoanalytiker, zum Theoretiker der Sexualität.) Dies verdeutlicht, wie schwierig es ist, zwischen dem zu unterscheiden, von dem wir denken, dass es uns vorenthalten wird, und unserer projizierten Vorstellung davon. Wir neigen zu der Vorstellung, dass uns ausgerechnet das fehlt, was wir am meisten zu brauchen meinen. Sag mir, wovon du dich ausgeschlossen fühlst, und ich sage dir, was du deiner Meinung nach haben willst.

Möglicherweise regt das Außen-vor-Sein bei der so genannten Urszene die Neugierde, den Wunsch nach Wissen und die Fantasie an. Die Urszene verletzt und stimuliert die Allwissenheit des Kindes, denn nur in der Fantasie kann es erkennen, was nicht da ist. In dieser ersten Zwangslage erfährt das Kind aber auch seine Ohnmacht: Ihm wird bewusst, dass es nur so mächtig ist, wie seine Eltern es zulassen. Wenn die Eltern – zumindest nachts – keinen Sex haben wollen, dann lassen sie das Kind in ihrem Bett schlafen. Das ist die Macht, über die das Kind verfügt. Doch wann immer es ausgeschlossen wird, aus dem Bett oder von irgendwo oder irgendetwas anderem, wird ihm seine Macht genommen. Und die Machtlosigkeit ruft in dem Kind eine machtvolle Fantasie hervor – darüber, was in seiner Abwesenheit, seiner Vorstellung nach, vor sich geht, darüber, was es will und was es fürchtet. Die Urszene lässt das Kind also mit grundlegenden Fragen zurück. Wovon werde ich ausgeschlossen? Was kommt als Nächstes? Entweder versucht das Kind mit hineinzukommen, mit allem, was das mit sich bringt, oder es muss mit den intensiven Gefühlen, die die sexuelle Beziehung der Eltern in ihm auslöst, etwas anderes machen. Einstweilen – und das ist Entwicklung – wird das Kind mindestens bis zur Pubertät warten müssen, bevor es jemanden für sich findet, der seinen Eltern hinreichend ähnlich ist und sich hinreichend von ihnen unterscheidet. Doch was das Kind in sein Leben aufzunehmen bereit ist, hängt davon ab, was es aus seinen ersten und prägenden Erfahrungen von Ausgeschlossenheit machen konnte.

Ähnlich wie Kafka fand Freud immer neue Wege, um über Ausgrenzung zu sprechen. Es ist kaum überraschend, dass sich Juden in Europa – in jenen Städten zu jener Zeit – an diesem Thema abarbeiteten. Und doch findet das keine besondere Berücksichtigung, keiner der beiden beruft sich ausdrücklich auf Schriften irgendeiner jüdischen Tradition. Beide waren keine religiösen Juden, wenngleich ihnen überaus deutlich vor Augen stand, dass sie Juden waren – eine paradoxere Position, als es vielleicht den Anschein hat. Kafka und Freud erzählen größtenteils säkulare oder säkularisierte Geschichten über das Ausgestoßensein, und ihre Verweise und Anspielungen beziehen sich auf die westliche Literatur, mittels derer sie sich zu bilden suchten – mithin auf Traditionen, mit denen ihre Eltern und Vorfahren nicht vertraut waren. Sie eiferten also dem nach, was ihnen und den Traditionen, aus denen sie stammten, fremd war. Beide betonen, dass die Tatsache und das Gefühl, ausgegrenzt zu sein, grundmenschliche Probleme sind, und dass niemand von der Erfahrung, ausgegrenzt zu sein, ausgeschlossen ist oder es jemals war.

Und da beginnt dieses Ausgeschlossensein als Schlüssel zu etwas zu wirken. »Sag mir, wovon du heimgesucht wirst«, schreibt André Breton als ein berühmtes Motto der Surrealisten, »und ich sage dir, wer du bist.« Weder Freud noch Kafka sagen: »Sag mir, wovon du dich ausgeschlossen fühlst, und ich sage dir, wer du bist«, aber sie schreiben, dass das Gefühl, ausgeschlossen zu sein, konstitutiv dafür ist, für wen wir uns halten. Oder sogar, dass die so genannte Identität womöglich unsere Form der Selbstheilung für Erfahrungen des Ausgeschlossenseins ist, dass Identitäten die Artefakte sind, die wir als Lösung für das Ausgeschlossensein produzieren. Wir organisieren uns um diese Ausgrenzungserfahrungen herum, und wir setzen unserem Geist Scheuklappen auf, um mit ihnen fertig zu werden. Und wie die Ausgrenzung macht auch die Identität uns gewalttätig.

Hamlet war einer von Freuds Prüfsteinen: In seinem »Beitrag zu einem Fragebogen über das Lesen« von 1907 bezeichnete er das Stück als eines der »zehn großartigsten Werke [der Weltliteratur]«. Ein anderer Prüfstein war die Gestalt des Satan in Miltons *Paradise Lost*, das Freud eines seiner »Lieblingsbücher« genannt hat. Beides sind paradigmatische Werke über Figuren, die ausgegrenzt werden. Tony Tanner hat einmal behauptet, dass alle Romane von Ehebruch handeln. Noch grundsätzlicher könnten wir fragen, welche Literatur es gibt, in der es nicht um Ausgrenzung geht. Und wenn es in der gesamten Literatur um Ausgrenzung geht, stellt sich die Frage nach dem Warum.

Sowohl für Hamlet als auch für den Satan bei John Milton gilt, dass Ausgrenzungen ihre Charaktere prägen. Oder dass das, was wir für ihre Charaktere halten, eine Reaktion auf die Ausgrenzungen ist, die sie jeweils erleiden und erzeugen. Beide sind natürlich auffallend eloquente, fantasievolle und verführerische Figuren. Beide sind besessen von Vätern, Rache und Tod: alles drei Dinge, in die wir gleichzeitig einbezogen und von denen wir ausgeschlossen sind. Hamlets Selbstgespräche – die das Publikum in etwas einschließen, aus dem alle anderen Figuren des Stücks ausgeschlossen sind – handeln von seiner Beziehung zu sich selbst nach dem Mord an seinem Vater und der Wiederverheiratung seiner Mutter. Was wir dabei aufschnappen, ist ein Ausgeschlossensein, das Ausgeschlossensein, das die Einsamkeit ist, und was sie möglich macht.

Wie Hamlet ist auch Miltons Satan davon bestimmt und bestimmt sich selbst durch seine Reflexionen über die erzwungenen Ausgrenzungen, sein Dilemma. Wenn es unsere eigene Sündhaftigkeit ist – unsere eigene Ausgeschlossenheit –, die es uns erlaubt, von Miltons Satan bewegt und beeindruckt zu sein, können wir nicht umhin, zu bemerken, dass eines der ergreifendsten und erschreckendsten Dinge an ihm sein Neid und damit seine Wertschätzung all dessen ist, wovon er ausgeschlossen ist: sein Neid auf Gott, auf Christus, Gottes Sohn, auf die nichtrebellierenden Engel und auf Adam und Eva im Garten Eden. Hamlet wird zum Skeptiker, während Satan den Skeptizismus abschafft. Im Vierten Gesang von *Das verlorene Paradies* sagt er zu den Engeln, die ihn begleiten:

Und nun jedwede Hoffnung ausgeschlossen,
Sieh da, statt uns, die friedlos er gemacht,
Sein neu Entzücken, sieh den Menschen nun
Erschaffen und für ihn die neue Welt.
So lebe wohl, die Hoffnung, und mit ihr
Fahr hin die Furcht und fahre hin die Reue:
Denn alles Gute ist für mich dahin.
Böses, sei du mein Gutes! Deinetwegen
Wird mir zumindst die Hälfte doch zuteil.

Dass Satan auf verschiedene Weise ausgegrenzt wird, bringt das Schlimmste in ihm hervor, das er dann als das Beste in sich beschreiben muss. Er behauptet, er sei von der Furcht befreit und ließe sich nicht mehr einschüchtern. Aber die durch Wiederholung betonte Zweideutigkeit des »Lebewohl« – Abschied von der Hoffnung, Abschied von der Furcht, Abschied von der Reue – verrät einen Zweifel: Ein »fahre hin«, bei dem das Verabschiedete bleibt. Man könnte sagen, dass Satan seine Demütigung und Niederlage rationalisiert oder dass er seine Lage uminterpretiert, um sie zukunftsfähig zu machen. Eingestandener Verlust und Niederlage oder hoffnungsvolle und belebende Neubewertung. Das Gefühl, ausgeschlossen zu sein und sich ausgeschlossen zu fühlen, regt zu einer Neuinterpretation an und macht sie vielleicht sogar erforderlich. Wir müssen die Erfahrung in neue Worte fassen, um sie erträglich zu machen. Eine solche Umschreibung kann bemerkenswerte kulturelle Artefakte hervorbringen, wie *Hamlet* und *Das verlorene Paradies*, und bemerkenswerte Grausamkeiten hervorrufen. Satan ist rachsüchtig, und was auch sonst? Was auch immer sie sonst noch sind, tragische Helden sind immer rachsüchtig. Und sie fühlen sich immer von etwas ausgeschlossen, das sie als besonders wichtig erachten. Es ist Miltons Unbestimmtheit, bewusst oder unbewusst, über die Frage, ob Satan ein tragischer Held ist oder nicht – ob Satan eine Tragödie erlitten oder eine Tragödie losgetreten hat –, die *Das verlorene Paradies* so provokant macht. Die Ausgeschlossenen, die Ausgestoßenen, die Verbannten liegen Milton am Herzen: die Trennungsangst in ihrer härtesten Form, um es mit einem heutigen Begriff auszudrücken.

Und der Sündenfall selbst ist natürlich die Urszene der jüdisch-christlichen Kultur. Wir sind zu dem geworden, was wir sind, zu dem, was wir zu sein glauben, durch die Ausschließung, zu der es durch den Aufstand gegen die Ausschließung kam. Adam und Eva wurden aus dem Garten Eden vertrieben, weil sie sich gegen Gottes Weigerung auflehnten, ihnen Zugang zu etwas zu gewähren, das er ihnen verboten hatte. Alles hängt davon ab, welcher Art des Ausschlusses man sich verweigert, und warum. Oder anders gesagt, da du ausgeschlossen bist, hängt alles davon ab, was du aus deinem Ausschluss machst und wie du damit umgehst. Die Frage ist, wie du dein Ausgeschlossensein und dein Exil interpretierst, und Hamlet und Satan interpretieren in einem fort. Ausgrenzung ist, wie uns *Hamlet* und *Das verlorene Paradies* zeigen, das Medium der Selbsterkenntnis. Eine Identität ist das, was einem bleibt oder was einem noch einfällt, nachdem man ausgegrenzt wurde: Sie ist eine Selbstheilung für Entfremdung. Begehren und Nachdenken, Hinterfragen und Träumen sind das, was wir nach der Katastrophe der Exklusion tun. Wir sind hineingeworfen in erzwungene Formen der Selbstidentifikation. Wir versuchen, uns für uns selbst und andere erkennbar zu machen, als sei die Grundlage dessen, was wir Identität nennen, keine zu haben. Nach dem Kafka'schen Prinzip – ich kann nicht wirklich schwimmen, weil ich ursprünglich nicht schwimmen konnte – habe ich, da ich ursprünglich keine Identität hatte, auch nicht wirklich eine. »Weißt du, wer ich bin?«, fragen die Ausgegrenzten ihre Ausgrenzer und sagen es ihnen dann – oder versuchen es. Ihnen und sich selbst.

Wie hätten Hamlet und Satan angesichts ihrer misslichen Lage anders empfinden und handeln können oder sollen? »Geschichte«, schreibt Hugh Trevor-Roper, »ist nicht nur das, was geschah. Es ist das, was im Zusammenhang mit dem, was hätte geschehen können, geschah.« Jede sich entfaltende Geschichte ist ein Anreiz und eine Einladung, andere Optionen und Konsequenzen in Betracht zu ziehen. Wir können Exklusion also als etwas begreifen, das uns dazu zwingt – so wie es Satan und Hamlet gezwungen hat –, über das Wesen und die Herkunft von Entscheidungen nachzudenken und die zur Verfügung stehenden Möglichkeiten ernst zu nehmen. Die Tatsache, dass wir gezwungen wurden, dass wir durch das Ausgeschlossensein keine Wahl mehr haben, bringt die Frage der Wahl und der menschlichen Handlungsmacht mit Wucht wieder auf die Tagesordnung.

»Wenn jede Handlung, welche für einen reifen Mann gut oder schlecht ist, unter Maß, Verbot und Zwang liegt, wird da Tugend mehr sein, als ein Name? [...] Da Gott ihm [Adam] Vernunft gab, gab er ihm auch die Freiheit der Wahl, denn Vernunft ist nichts als Wahl«, schreibt Milton in seinen *Areopagitica* und verteidigt die Vernunft als Quelle unserer Freiheit. Sowohl *Hamlet* als auch *Das verlorene Paradies* kreisen um die Frage des freien Willens und die Überlegung, was im Selbst zensiert werden sollte. Hamlet zeichnet sich natürlich durch seine Unstete, seinen Skeptizismus, seine Selbstzweifel und sein Hinterfragen des freien Willens aus. Wenn »Sein oder Nichtsein« die Frage ist, ist alles in Zweifel gezogen. Satan hingegen huldigt der Überzeugung und dogmatischen Gewissheit dank seines entschlossenen und unverhohlenen Glaubens an seinen eigenen freien Willen: Wie sonst sollte man einem scheinbar allmächtigen Gegner begegnen? Schließlich funktionieren Allmacht und Allwissenheit nur, weil die Menschen an sich selbst zweifeln: Beides ist per Definition etwas, wovon alle Menschen ausgeschlossen sind, außer Gott (oder seinem weltlichen Ersatz, dem Tyrannen oder faschistischen Diktator). Die Macht des Monotheismus fußt darauf, dass er exklusiv ist: Er nutzt die Angst der Menschen aus, ausgeschlossen zu werden. Die einzige wirkliche Macht, die er hat, ist die der Einschüchterung.

Genauso wie unsere Scham uns in einer intimen Beziehung zu denen festhält, die uns beschämt haben, neigt die Ausgrenzung dazu, uns mit unseren Ausgrenzern in einer Schicksalsgemeinschaft zu halten. Aber was können wir tun, wenn wir nicht – wie Hamlet und Satan – davon besessen sind, das wiederzugewinnen, was uns verloren gegangen ist, oder das zu zerstören, was wir nicht als unser Eigentum zurückfordern können? Was können wir tun, wenn wir uns nicht der Rache verschreiben oder den Verlockungen des Triumphalismus erliegen oder wenn wir uns dafür entscheiden, unser Denken nicht einzuengen und unser Leben nicht um unser Gefühl der Ausgrenzung und des Verlusts herum zu organisieren? Das ist ein bisschen so, als würde man die absurde Frage aufwerfen, wie unser Leben aussehen würde, wenn wir andere Wesen wären. *Hamlet* und *Das verlorene Paradies* stellen uns unweigerlich vor die Frage, was das Problem ist, das die Rache zu lösen scheint. Die Psychoanalyse würde sagen, dass Rache eine falsche Lösung für das Problem unserer grundsätzlichen und grundlegenden Unzulänglichkeit, für unsere lebenslange Abhängigkeit ist. Und manch ein gesunder Menschenverstand würde behaupten, dass Rache eine Lösung für Ungerechtigkeit ist. Weil wir Eltern hatten, weil wir (in Alasdair MacIntyres Worten) »abhängige rationale Tiere« sind, weil wir von unserer eigenen Zeugung ausgeschlossen sind, müssen wir uns jetzt selbst erfinden. In den Nachwehen ihrer Katastrophen sehen wir Hamlet und Satan sich abmühen herauszufinden, wer sie jetzt sind und wer sie in Zukunft sein können. Hat es erst einmal einen Ausschluss, einen katastrophalen Verlust gegeben, kann die Geschichte losgehen. Für uns fällt der Startschuss erst, nachdem wir ausgeschlossen wurden. Hamlet hat Schwierigkeiten, sich zu behaupten; Satan erfindet sich großspurig und unverhohlen neu. Beide verfolgen unterschiedliche Lösungsansätze für ein und dasselbe Problem.

Obwohl *Hamlet* wie ein Katalog von Exklusionen beginnt – die Ermordung von Hamlets Vater, die Heirat seiner Mutter, Laertes' und Hamlets Wunsch, Dänemark zu verlassen usw. –, sind Hamlets erste Worte im Stück eine Reaktion auf das Gefühl des neuen Königs, von Hamlet verschmäht oder ausgeschlossen zu werden. Nachdem der König der Bitte von Laertes zugestimmt hat, Dänemark einstweilen den Rücken zu kehren, sagt er: »Doch nun, mein Vetter Hamlet und mein Sohn –«. Worauf Hamlet mit einer Seitenbemerkung reagiert, von der er alle ausschließt, nur das Publikum nicht: »Mehr als befreundet, weniger als Freund«. Dies ist ein Akt der Lossagung, Hamlet nimmt sich selbst aus dem neuen Hof und der Ansprache des Königs heraus. Der König will Hamlet als seinen Sohn aufnehmen, aber der Sohn hat bereits einen Vater, einen Vater, der von diesem König ermordet wurde. Der Einladung des neuen Königs Folge zu leisten, käme für Hamlet einer Selbstverleugnung gleich. Die Frage ist: Wer ist Hamlet – wer wird er sein –, wenn diese turbulenten Ereignisse durchgestanden sind? Mehr als befreundet, aber noch lange nicht Freund seiner selbst?

Als der König und die Königin abreisen, beginnt Hamlet sein erstes Selbstgespräch mit einem Akt des Verschwindens, mit dem Wunsch, ein Niemand zu werden, das Nichts zu sein, das sich ergibt, wenn alles zu sein unmöglich ist:

> O schmölze doch dieß allzu feste Fleisch,
> Zerging', und löst' in einen Thau sich auf!
> Oder hätte nicht der Ew'ge sein Gebot
> Gerichtet gegen Selbstmord! – O Gott! o Gott!

Das Stück beginnt also damit, dass Hamlet uns nicht nur sagt, dass er nicht weiß, wer er jetzt ist, sondern dass er überhaupt niemand mehr sein will. Nach der entsetzlichen Exklusion seines Vaters will Hamlet sich selbst vernichten. Er will sich selbst das antun, was seinem Vater angetan wurde, sowohl um den Tod seines Vaters zu rächen als auch, paradoxerweise, um sich mit ihm zu identifizieren. Er versucht hier, sich einzugestehen, was ihm widerfahren ist, und das scheinbar Unerträgliche zu ertragen. Als Horatio ihn zum ersten Mal begrüßt, antwortet Hamlet: »Ich bin erfreut euch wohl zu sehn. / Horatio – wenn ich nicht mich selbst vergesse?« In einem Stück, in dem es um Anerkennung geht – darum, Menschen wohl zu sehen –, ist Hamlet hin- und hergerissen zwischen Selbstvergessenheit und dem Streben nach bestimmten Anerkennungen, zwischen dem Wissen, was und wen er vor sich sieht, und dem Nichtwissenwollen.

Doch dann gewinnt Hamlet durch die Begegnung mit dem Geist seines Vaters schnell an Struktur. Ihm ist nun sein bestimmendes Merkmal gegeben – er ist der Sohn, der herausfinden muss, wie er die Erinnerung an seinen Vater am besten hochhält. Aber das ist eine zweideutige Art von Identität, die ihn in eine neuartige Skepsis gegenüber Identität generell stürzt. Wie sein späteres Zögern wiederholt zeigt, ist Hamlet in Bezug auf die meisten Dinge mindestens unentschlossen. Als der Geist mit den Worten »Gedenke mein« abgeht – was heißen soll, dass er sich für dieses schreckliche Verbrechen angemessen zu rächen hat –, antwortet Hamlet:

> Ja, von der Tafel der Erinnrung will ich
> Weglöschen alle thörichten Geschichten,
> Aus Büchern alle Sprüche, alle Bilder,
> Die Spuren des Vergangnen, welche da
> Die Jugend einschrieb und Beobachtung;
> Und dein Gebot soll leben ganz allein
> Im Buche meines Hirnes, unvermischt
> Mit minder würdigen Dingen.

Man kann dies als Beschreibung dafür nehmen, wie jemand durch eine gewaltsame und rachsüchtige Verengung des Geistes eine so genannte Identität erlangt. Alles, was ihn sonst noch ausmacht, wird zugunsten des väterlichen Gebots beiseite gewischt. Er wird sich praktisch selbst einen Rufmord zufügen. In seinem Versuch, sich gänzlich unter das Gebot seines Vaters zu stellen, entwickelt er die Idee, sich selbst das Leben zu nehmen. Seine Identität kristallisiert sich an der Forderung seines Vaters heraus. Wenn die Frage lautet: »Was ist zu tun?«, lautet seine Antwort: »Tu, was dein Vater dir sagt.« Hamlet trifft die Aussage, dass es in seiner Welt nichts anderes mehr geben wird, als seinen Vater zu ehren und zu rächen: All seine Erfahrungen und seine Entwicklung, die »Spuren des Vergangnen, welche da die Jugend einschrieb«, werden null und nichtig sein. Er wird zum Alleinherrscher einer einzigen Idee.

Hamlet weiß jetzt, in welchen Dienst er sein Leben stellen, was er mit sich selbst anfangen soll. Wenn sein Leben lebenswert ist, dann nur für eine Sache. Und das alles wurde durch einen einzigen Bruch, durch einen nicht wiedergutzumachenden Ausschluss angestoßen. Doch in dem Stück sehen wir Hamlet dabei zu, wie er immer wieder zwischen der Einsicht in die Komplexität seines eigenen Geistes und dem Angriff auf diese Komplexität in Momenten der Entschlossenheit und Entschiedenheit schwankt. Ähnlich wie Miltons Satan musste Hamlet usurpiert werden, um zu der lebendigen Figur zu werden, die für uns Wiedererkennungswert und Erinnerungspotential hat. Was wir heute Identität nennen, ist vielleicht immer eine kulturelle Selbstheilung für eine Usurpation: Wir beginnen erst dann, uns als jemand Bestimmtes zu erkennen, wenn wir verdrängt, ersetzt oder zurückgewiesen wurden. Das heißt, nachdem wir verraten wurden. Verraten worden zu sein lässt uns fragen, wer wir wohl sind, dass uns so etwas passieren konnte. Auch hier kann Kafka lehrreich sein: Weil ich ursprünglich nicht verraten wurde, kann ich nicht wirklich verraten worden sein. Was bin ich also geworden, dass der Verrat möglich wurde?

Im Gegensatz zu Miltons Satan, der jeden Selbstzweifel mit Bravour von sich weist, weiß Hamlet, und weiß zugleich nicht, was er tun soll, wer er ist und wer er sein will. Wir sehen also ein Beispiel von einem Selbst, das durch Trotz geformt wird, und das Beispiel eines anderen, das im Schwanken zwischen Entschlossenheit und Selbstzweifel entsteht. In beiden Fällen handelt es sich jedoch um Formen des Selbst, die im Wesentlichen durch Rache konstituiert sind – ein rachsüchtiges Selbst, das aus dem Verworfensein entsteht. Beide Figuren sind ausgesprochen wortgewandt: Das Ausgeschlossensein, so scheint es, hat ihre Sprache, ihren Wunsch zu sprechen, inspiriert und angeregt. Folgt man *Hamlet* und *Paradise Lost*, erscheint Identität als unsere beste und unsere schlechteste Reaktion auf richtige und falsche Arten von Ausgrenzung. Ausgeschlossen worden zu sein macht uns zu dem, was wir sind, und zu dem, was wir sein können.

Aus dem Englischen von Birthe Mühlhoff

Literaturkolumne

Adam Phillips' psychoanalytische Essayistik

Von Hanna Engelmeier

0.

Einer der ersten Sätze auf Italienisch, die mich die App Duolingo üben ließ, lautete: »John è piccolo, ma si cura da solo.« (John ist klein, aber er behandelt sich selbst.) In der Frühzeit meines Italienischlernens ließ mich Duolingo immer wieder diesen Satz bilden. Entweder musste ich ihn übersetzen, ins Mikrofon meines Telefons sprechen oder aber die einzelnen Bestandteile des Satzes in die richtige Reihenfolge bringen, nachdem mir eine synthetische Stimme den gesamten Satz auf Italienisch vorgesprochen hatte. Was für ein schönes Beispiel für die unendliche Analyse, dachte ich, hatte es nicht auch Freud so gemeint? Mühevolle, aber lohnende Einsicht in zwei Grundsätze: Ich bin zwar vielleicht (noch immer) klein, aber ich *kann* mich selbst behandeln.

I.

In *On Loss*, dem kürzesten Text seines in diesem Januar erschienenen Buches *On Giving Up*,[1] betont Adam Phillips die unauflösbare Verbindung von Sprache mit Verlust. Sprache sei immer durch Abwesenheit gekennzeichnet. Ein Wort zu benutzen bedeute schließlich immer auch anzuerkennen, dass das durch das Wort Bezeichnete eben nicht da sei; allein durch die Benutzung von Sprache sei Verlust immer schon unser Thema und Medium: »Worte, seien sie auch noch so heiter, tragen immer auch Trauer über das, was sie bezeichnen.«[2]

Für einen Psychoanalytiker und Essayisten unter Umständen keine so gute Nachricht, Worte sind immerhin zentraler Bestandteil seines Geschäftsmodells. Für Adam Phillips bedeutet der Verweis auf die Trauer als ewiger Begleitumstand der Sprache allerdings nicht, dass ihre Benutzung immer nur mit Leichenbittermiene erfolgen könne. Im Gegenteil. Phillips ist neben vielen anderen Dingen und unter anderem Ironiker, den die Feststellung eines konstitutiven Defizits seines wichtigsten Mediums eher erheitert.

Wie all die anderen großen, aber eher schwierigen Gefühle, über die Phillips seit über dreißig Jahren und von der deutschen Öffentlichkeit nicht mit besonderer Aufmerksamkeit bedacht schreibt,[3] ist Trauer

1 Adam Phillips, *On Giving Up*. London: Penguin 2024.

2 Alle Übersetzungen, soweit nicht anders angegeben, durch die Autorin.

3 In deutscher Übersetzung liegen von Phillips immerhin acht Bücher vor, darunter diejenigen mit den spritzigsten Titeln (*Vom Küssen, Kitzeln und Gelangweiltsein*; *Über das Flirten*; *Monogamie* und *Wunschlos glücklich?*). Die Aufmachung der Bücher legt allerdings nahe, dass kein besonderes Konzept zur Vermarktung des Autors vorlag außer, dass in der Psycho-Schiene irgendwas mit Glück und Sex doch schon irgendwie

für ihn ein emotionaler Zustand, den man vor allem als eine Einladung ernst nehmen sollte, ihn zum gegebenen Zeitpunkt hinter sich zu lassen. Prototypisch ist dafür die Art und Weise, in der er in *On Loss* darüber nachdenkt, wie seinem Thema, dem Verlust, seine besondere Schwere, vielleicht sogar kulturelle Dignität entzogen werden könnte. Wie könnte man, so fragt Phillips, zu einer Neubeschreibung von Verlust kommen, in der dieser zwar nicht mit unangebrachter Heiterkeit behandelt wird, aber eher als eine Erfahrung, die so grundlegend und verbindend ist, dass ihr Potential dazu, Angst und Schrecken zu verbreiten, radikal geschrumpft wird?

Phillips gibt keine Antwort darauf, wie genau diese Neubeschreibung im Einzelfall klingen könnte, aber er macht ein Angebot dazu, in welcher Weise sich der Gedanke an Verlust, der unausweichlich ist, verändern könnte, wenn man ihn nicht mehr als Katastrophe, sondern allgemeine Grunderfahrung betrachtet. Das Nachdenken darüber träte an die Stelle eines ängstlichen Ausweichens und könne sich dann in eine Art Lampenfieber verwandeln, so Phillips. Der verzweifelte Ruf um Hilfe weicht einer eher nüchternen Selbstbefragung: Und was mache ich dann?

II.

In meiner Erinnerung handelte Freuds Aufsatz *Die endliche und die unendliche Analyse* unter anderem davon, dass sich nach dem Ende einer psychoanalytischen Kur die Analysandin oder der Analysand eben in eine unendliche Analyse mit sich selbst begeben könne, ausgerüstet mit den wichtigsten Einsichten in die eigene Biografie und dem passenden Umgang mit den darin herangezüchteten Neurosen und Grundkonflikten. Die unendliche Analyse, so hatte ich es mir gemerkt, sei so eine Art wilde Analyse, eine Laienanalyse (für die Freud nur eingeschränkt zu haben war), für die man nur sich selbst (und vielleicht ein Sofa) brauche. Wie schön, so dachte ich, irgendwann ist es auch mal gut gewesen, der Analysand erhebt sich vom Sofa, auferstanden aus Ruinen und einer Zukunft zugewandt, in der er sein eigener Analytiker ist.

Während das möglicherweise der Fall ist, steht im Text aber etwas anders. In *Die endliche und die unendliche Analyse* beschäftigt sich Freud mit der Frage, ob die psychoanalytische Kur beschleunigt werden könne und zu welchem Zeitpunkt sie als beendet betrachtet werden kann. »Die Analyse soll die für die Ichfunktionen günstigsten psychologischen Bedingungen herstellen«, hält er als Ziel fest, das zum Ende einer Analyse erreicht sein solle, »damit wäre ihre Aufgabe erledigt.«[4] Ein voraussetzungsvoller Satz: Vorläufig bleibt festzuhalten, dass dabei nicht daran gedacht ist, »alle menschlichen Eigenarten zugunsten einer schematischen Normalität abzuschleifen oder gar zu fordern, daß der ›gründlich Analysierte‹ keine Leidenschaften verspüren und keine inneren Konflikte entwickeln dürfe.«

gekauft werden wird. Während mir dazu keine Zahlen vorliegen, sind Besprechungen der Bücher rar und nicht in erster Linie von Zustimmung geprägt.

4 Sigmund Freud, *Die endliche und die unendliche Analyse* [1937]. In: Ders., *Gesammelte Werke*. Bd. XVI: *Werke aus den Jahren 1932–1939*. Hrsg. v. Marie Bonaparte u.a. Frankfurt: Fischer 1961.

Das gilt schließlich auch für die Analytiker selbst, die »Personen [sind], die eine bestimmte Kunst auszuüben gelernt haben und daneben Menschen sein dürfen wie auch andere«. Um sich in die Lage zur Ausübung dieser Kunst zu versetzen, ist laut Freud eine Eigenanalyse notwendig – der er sich auch selbst unterzogen hatte, wie vielfach von ihm selbst und anderen erzählt und analysiert worden ist.

Ich paraphrasiere: Ziel der Eigenanalyse einer Analytikerin und der psychoanalytischen Kur eines Patienten ist es, die eigenen inneren Konflikte kennenzulernen und sich dadurch nicht mehr in ihnen zu verheddern. Mehr nicht.

Kein Selbststudium psychoanalytischer Schriften notwendig, kein Auffinden einer Ersatzfigur für die Analytikerin, die irgendwann die Tür zum Behandlungszimmer hinter ihrem Patienten zum letzten Mal schließt. Natürlich ließe sich meine Erinnerung an *Die endliche und die unendliche Analyse* als peinlich durchschaubare Fehlleistung und Ausdruck eines bestimmten Wunsches interpretieren. Aber warum sollte man?

III.

Das neueste Buch von Phillips ist je nach Zählung sein sechsundzwanzigstes (einige darunter sind in Ko-Autorschaft verfasst, zum Beispiel *Second Chances – Shakespeare and Freud*, das er mit dem Begründer des New Historicism Stephen Greenblatt schrieb und das ebenfalls dieses Jahr erschien). Als Autor trat Phillips 1988 erstmals in Erscheinung, mit einer Biografie über den britischen Psychoanalytiker Donald Winnicott, der unter anderem für seine Forschung zur Bindung zwischen Müttern und Babys berühmt wurde und die Schule britischer Psychoanalyse mitprägte, der auch Phillips' Werk verpflichtet ist. Phillips selbst arbeitete in den frühen 1990er Jahren als Kinderpsychologe in einer Londoner Klinik, und aus dieser Zeit stammen auch die wenigen Fallbeispiele aus seiner Praxis, die er überhaupt in seinen Texten verwendet. Die deutlichsten Spuren davon finden sich in einer Sammlung von Texten über das »unerforschte Leben« unter dem Titel *On Kissing, Tickling, and Being Bored* (1993). Dieses Buch trägt bereits die Züge der folgenden Publikationen, die sich ebenso den alleralltäglichsten Phänomenen widmen, im Vertrauen darauf, hier einerseits auf allgemeines Interesse wegen allgemeiner Bekanntheit dieser Phänomene zu stoßen, andererseits aber die Chance ergreifen, ihre Grundsätzlichkeit zu durchdenken.

Das ist auch in *On Giving Up* der Fall, der neuesten Sammlung von psychoanalytischen Essays, die sich der Frage widmen, warum man eigentlich weitermachen sollte: Die Frage »womit weitermachen« ist dabei für Phillips'sche Verhältnisse eigentlich zu konkret. Er diskutiert nicht, ob man in einer unglücklichen Beziehung oder einem auszehrenden Arbeitsverhältnis bleiben solle, sondern ganz generell die Frage, warum das Aufgeben im Unterschied zum Durchhalten so einen schlechten Ruf hat.

Die sieben Essays des Buches behandeln dazu ganz grundsätzlich das Gefühl des Lebendigseins als Voraussetzung dafür, überhaupt etwas wollen zu können (*Dead or Alive*) und wie man sich von der Last befreit, zu denken, dass immer eindeutig oder überhaupt erkennbar sein muss, was dieses etwas ist (*On Not Wanting*). Dass man auch ohne Kenntnis davon Sorge haben kann, es zu verpassen, diskutiert Phillips in *On Being Left Out*, worauf ein Essay über die Grenzen psychoanalytischer Selbsterkenntnis (*On Not Believing Anything*) und einer über die Funktionen einer normativ geprägten Lebensführung (*On the Pleasures of Censorship*) folgen. In *On Loss* führt Phillips schließlich das Thema des Verlusts und einer kulturell überformten Angst davor ein, die seiner Auffassung nach maßgeblich prägt, wie über das Aufgeben nachgedacht wird: als ultimativer Verlust eines Ziels, von Möglichkeiten, etwas für sich zu gewinnen.[5]

Dabei liege doch möglicherweise erheblicher Lustgewinn darin, nicht weiterzumachen, hinzuschmeißen, aufzuhören. Aber niemand, so Phillips, rühme das Aufgeben, genauso wenig wie Scham als Gefühl gefeiert werde, das man sich gelegentlich unbedingt einmal gönnen darf. Phillips betont die Ambivalenz des Aufgebens, das gleichermaßen ein Zeichen dafür sein könne, zu glauben, dass sich Din-

5 Phillips hält sich nicht damit auf, die Beschränkung seiner Interpretation zu vermerken, die dadurch zustande kommt, dass die Belegstellen für die Herleitung seiner Überlegungen allesamt eurozentrisch geprägt und sein Kanon zu ganz überwiegenden Teilen aus weißen Autoren besteht. In einem Publikumsgespräch nach einer Podiumsdiskussion mit Hermione Lee danach gefragt, attribuiert er diesen Punkt im Wesentlichen der Zugehörigkeit zu einer Generation (Phillips wurde 1954 in Cardiff geboren), die sich aber immerhin schon etwas geändert habe und nun auch Autorinnen zitiere (www.lrb.co.uk/podcasts-and-videos/podcasts/the-lrb-podcast/on-giving-up).

ge ändern ließen, aber eben auch, dass genau das nicht möglich sei. Diese Art von Ambivalenz durchzieht Phillips' Betrachtung eines jeden Phänomens, mit dem er sich auseinandersetzt. Frustration gehört für ihn mit Befriedigung zusammen, insofern diese zunächst vor allem als Beseitigung einer Frustration erkennbar wird.[6] Ausgeschlossensein ist als Grunderfahrung notwendig, um genauer zu verstehen, nach welchem Dazugehören man sich sehnt.[7]

Aus seiner Unterscheidung der zwei unterschiedlichen Arten des Aufgebens leitet Phillips keine Empfehlung ab, welcher Überzeugung man sich selbst zuschlagen soll: dass Aufgeben angezeigt ist, weil Änderung möglich oder eben ausgeschlossen ist. Er spricht nur eine Einladung dazu aus, sich so intensiv wie möglich damit zu beschäftigen, was für die eine oder andere Überzeugung spricht, und was daraus folgt, wenn man sie sich zu eigen macht.

Ein zentraler Begriff sind für ihn dabei stets »wants«, das Wollen von etwas: Wer etwas nicht mehr will, sei es aus spontaner Eingebung oder wohlüberlegter Entscheidung, und in der Folge bleiben lässt, hat Kapazitäten dafür frei, etwas anderes zu wollen. Phillips fordert dazu auf, sich mit diesem Wollen zu beschäftigen. Ist es wert, ihm nachzugehen? Welche Möglichkeiten sind vorhanden, dieses Wollen umzusetzen?

In *On Giving Up* behandelt Phillips die Frage nach dem Wollen in einer existentiellen Dimension. Sie läuft ultimativ darauf hinaus, sich damit auseinanderzusetzen, warum man das Leben immer weiter fortsetzen solle, anstatt sich umzubringen. Phillips optiert nicht für Letzteres. Erklärtes Ziel ist vielmehr zu zeigen, dass die seiner Meinung nach falschen Auffassungen des Aufgebens mit dem Glauben zusammenhängen, dass Leben bedeuten müsse, niemals aufzugeben, und dass ein lebenswertes Leben eines sei, in dem ein radikaler Abbruch eines Vorhabens keine Option ist. Ein tragisches Leben sei eben keines, so Phillips, in dem jemand niemals aufgegeben habe, so wie sich tragische Helden der Literaturgeschichte durch ihr Schicksal schleppen müssen, sondern vielmehr eines, in dem die Möglichkeit, die Brocken hinzuschmeißen, ungenutzt verstreichen muss, aus Sorge oder aus Unlust, die Möglichkeiten abzuwägen, die dadurch neu ins Spiel kommen.

Das Leben, das Phillips für lebenswert hält, bezeichnet er als »offenes Leben«. Dass zu diesem auch die Option des Suizids gehört, ist eine Idee, die in der Geschichte der philosophischen Auseinandersetzung etabliert ist.[8] Phillips entscheidende Referenz dafür ist jedoch immer wieder Donald Winnicott, der in einem seiner letzten Aufsätze eine schizophrene Patientin zitiert, die zu ihm gesagt habe, dass sie ihn lediglich darum bitte, ihr zu helfen, sich aus den richtigen

6 Adam Phillips, *On Not Getting It*. In: Ders., *Missing Out. In Praise of the Unlived Life*. London: Penguin 2013.

7 Diesen Gedanken entwickelt Phillips in seinem Essay *On Being Left Out*, der in diesem Heft in der Übersetzung von Birthe Mühlhoff erscheint.

8 Vgl. u.a. Thomas Macho, *Das Leben nehmen. Suizid in der Moderne*. Berlin: Suhrkamp 2017; Héctor Wittwer, *Das Leben beenden. Über die Ethik der Selbsttötung*. Paderborn: mentis 2020.

anstatt aus den falschen Gründen umzubringen.[9]

Phillips führt dieses Extrembeispiel an, um die Beschränkungen zu markieren, die Psychoanalyse in seinem Sinn unbedingt aufweisen muss. Sie ist keine Rettung, sondern ein Modus (nicht für jedermann passend), in dem man über Motivationen und Gründe für das eigene Fühlen und Handeln nachdenken kann (andere Modi findet er nicht unbedingt schlechter). Psychoanalyse besteht für ihn deshalb eben nicht in der Proliferation von dem, was er als essentialistische Konzepte begreift: überzeitlich gültige Erklärungsmodelle für psychische Dispositionen, Konflikte oder Charaktereigenschaften. Einem großen Wunsch nach Sicherheit durch Essentialismen gerecht geworden zu sein, ist vielmehr sein größtes Argument gegen die eigene Profession.

In ihrer schlechtesten Form habe Psychoanalyse dazu ermutigt, sich Autoritäten anzuschließen, deren Vokabular zu übernehmen und damit Selbstbeschreibungen vorzunehmen, die die eigene Persönlichkeit in Konzepten und Begriffen fixiert. Phillips möchte zu anderen Fragen ermutigen als beispielsweise der, ob man an diesem oder jenem Komplex leide. Produktiver scheint ihm die Überlegung, wie das eigene Leben denn aussehen könne, *falls* man bereit sei, mit Freud für wahr zu halten, dass beispielsweise alles menschliche Handeln durch Sexualität bestimmt ist.

Der Unterschied zwischen ersterer und letzterer Herangehensweise besteht in einem Leben, das durch psychoanalytische Konzepte prädeterminiert sei und einem, das durch sie auf Möglichkeiten hin geöffnet werde, die immer wieder neu geprüft werden müssen. Frustrierenderweise ist für diese Prüfung die Person zuständig, die sich in Analyse begibt. Nicht Adam Phillips, nicht irgendeine andere Analytikerin.

IV.

Phillips' Gegenprogramm zu einer begriffsgetriebenen Psychoanalyse auf der Suche nach Diagnosen ist eine Essayistik, die sich für das Tentative interessiert. In dem Beitrag *Up to a Point* bringt er den Essay als Form mit der Geschichte der Psychoanalyse in Kontakt: Obwohl Freud in vielen seiner Schriften durchaus essayistisch geschrieben habe, habe er doch nur zwei seiner ins Englische übersetzten Schriften explizit als Essays bezeichnet.[10]

9 Winnicott führt dieses Beispiel als eines an, das sein Versagen als Analytiker aufzeigt (die Patientin brachte sich schließlich um), da es ihm nicht gelungen war, zu verstehen, was sie ihm eigentlich mitteilen wollte: Nämlich dass sie den Eindruck hatte, schon in ihrer frühen Kindheit einen psychischen Zusammenbruch erlebt zu haben, an dem sie bereits ›gestorben‹ sei. Die Angst vor einem Zusammenbruch, so Winnicotts Argument, sei in der Regel die Angst vor einem Zusammenbruch, der bereits stattgefunden habe. Der Fall seiner Patientin führte ihm diese Erkenntnis zu spät vor Augen. Natürlich wäre diese Mitteilung in einem erst postum erschienenen Beitrag in der allerersten Ausgabe einer neuen Fachzeitschrift eine eigene Analyse wert. D. W. Winnicott, *Fear of Breakdown*. In: *International Review of Psycho-Analysis*, Nr. 1, 1974.

10 Phillips bezieht sich auf *Drei Abhandlungen zur Sexualtheorie* (1905) und *Der Mann Moses und die monotheistische Religion* (1939), Letztere wird allerdings im Deutschen im Untertitel ebenfalls als Abhandlung, nicht als

Kein Zufall: Die freie Assoziation in der psychoanalytischen Kur, die noch immer im Zentrum der Therapieform steht, ist einer Improvisation ähnlich, die insbesondere Freuds Anliegen, die Psychoanalyse als neue Wissenschaft zu institutionalisieren, im Wege stand.[11]

Der Essay als diejenige literarische Gattung, deren Form wesentlich auf Improvisation und Assoziation beruht, konnte dabei nicht hilfreich sein: »Aufgrund der Unsicherheit ihres Status – als Kunst oder Wissenschaft, als Psychologie oder Metaphysik, als Religion oder Therapie usw. – musste sich die Psychoanalyse oft durch das definieren, was sie nicht ist. Und eine der Möglichkeiten, mit denen Psychoanalytiker das gelöst haben, ist, dass sie Texte schrieben, die ganz bestimmt keine Essays waren. Psychoanalytisches Schreiben kann uns also durch die Ablehnung dieses Genres, durch die Vorliebe für das Schreiben von Schriften, Aufsätzen, Vorträgen, Beiträgen und Werken etwas über den Essay sagen – was er sein soll, was ihn auszeichnet, was er ausschließt.«[12]

Essay bezeichnet. Freud ist also im Deutschen ein noch stärker verkappter Essayist als im Englischen.

11 In seiner Biografie *Becoming Freud* (New Haven: Yale University Press 2014) beschreibt Phillips die Frustration, die insbesondere Freuds Kollegen Ernest Jones und Sándor Ferenczi angesichts der Tatsache empfanden, dass Freud ihnen wenige Richtlinien für die psychoanalytische Praxis im Sinne der Gesprächsführung hinterlassen hatte. Phillips bemerkt dazu in Klammern: »Es kann keine Improvisationstechniken geben, nur Techniken, die Improvisation ermöglichen.«

12 Adam Phillips, *Up to a Point: The Psychoanalyst and the Essay*. In: *Salmagundi*, Nr. 178/179, Frühjahr/Sommer 2013.

Ähnlich wie die psychoanalytische Kur als Gespräch zwischen Analytikerin und Analysand zeichnet sich der Essay für Phillips dadurch aus, dass er sich auf Abschweifungen verlässt. Ein gewisses Schlingern der Aufmerksamkeit und ihr Verharren beim scheinbar Bedeutungslosen weisen in der von Phillips verfolgten Essayistik den Weg zu einer Einsicht – von der man zu Beginn des Schreibens und auch des Lesens eines Essays aber noch nicht unbedingt weiß, welche es sein könnte.

Dieses digressive Verfahren ist ein Instrument, das zu einer produktiven Destabilisierung von Erkenntnis führt und eine eigene Schreibweise hervorbringt: Die Ausgangsbeobachtung eines Essays verändert sich (so wie ein Konflikt, mit dem man sich in die Analyse begibt) mit der Zeit des Schreibens (und der Zeit des Begreifens des Geschriebenen). Jeder Satz eines Essays verbleibt damit in gewisser Weise in einem tentativen Status, der folgende Satz kann ergänzen, erweitern oder dem widersprechen was zuvor gesagt wurde. Dadurch erhalten Phillips' Essays, die voller Pointen, zugespitzter Formulierungen und Aphorismen in schönster Social-Media-Posting-Länge sind, ihre Beweglichkeit.

Nicht nur bei Phillips wird die tentative Natur seines Nachdenkens und Schreibens schon in den Titeln der Essays deutlich annonciert, die stets *von* etwas handeln, aber nie behaupten, etwas umfassend abzuhandeln, sondern eben »up to a point« am Ball bleiben. Kathryn Murphy hat das in der essayistischen Titelbildung beliebte »on« als ein Signal dafür gedeutet, dass von Anfang an festgestellt werde, dass nun mit Unvollständigkeit,

Umwegen und Idiosynkrasien zu rechnen sei und also Gegenwehr zu akademischem Schreiben geleistet werde:[13] Während das Thema des Texts (beispielsweise *On Giving Up*) genannt ist, ergibt sich daraus keineswegs die Art und Weise, wie es denn nun behandelt werden solle. Murphy spricht in diesem Zusammenhang von der »aboutness« des Essays, einem in der Philosophie unter anderem bei John Searle verwendeten Begriff, den Murphy im Zusammenhang mit der Form des Essays als Absichtserklärung interpretiert, die eigene Aufmerksamkeit für ein bestimmtes Phänomen nun über die Dauer eines Textes lang zu beobachten.

Dieses Vorgehen wird bei Phillips in meditativer Weise gewendet. Seine Essays sind Texte, deren Quellen nur insofern in die Außenwelt führen, als sie ihre Fallbeispiele zu großen Teilen aus (meist kanonischer) Literatur beziehen.[14] Das bedeutet jedoch nicht, dass die Anlässe für ihre Entstehung nicht aus der Außenwelt stammen. Sein Essay *On Being Left Out* erschien ursprünglich im Mai 2021 in der *London Review of Books*. Die Relevanz der Frage, in welcher Weise man mit dem Gefühl fertig werden kann, das Leben zu verpassen, stand nach dem ersten Corona-Winter selbst für diejenigen im Raum, die diese Sorge nicht an sich selbst, sondern nur an anderen im Lockdown Lebenden beobachten konnten. Sie wird von Phillips aber nicht direkt adressiert, es wird nicht einmal Wir-wissen-ja-wohl-alle-was-ich-hier-*eigentlich*-meine geblinzelt. Stattdessen beginnt der Text mit der Lektüre eines Fragments von Kafka und der Frage, unter welchen Umständen das Erreichen eines Ziels (im Gegensatz zu seinem Verpassen) notwendigerweise ein Erfolg ist.

Es gibt Gründe, diese Art des Nachdenkens und Schreibens insbesondere politisch für unzeitgemäß zu halten:[15] In einem publizistischen Markt voller gegenwartsdiagnostischer Handreichungen, Aufrufe, Manifeste und Pamphlete stehen Phillips' spielerische Stilistik und sein Interesse am Paradoxalen zumindest auf einem einsamen Posten. Leserinnen und

13 Kathryn Murphy, *On On: The Essay as Prepositionality*. In: *ASAP Journal* vom 16. Mai 2022 (asapjournal.com/node/the-contemporary-essay-on-on-the-essay-as-prepositionality-kathryn-murphy/).

14 Bei aller Behauptung der Offenheit seines psychoanalytischen Ansatzes für jede und jeden, die sich ganz schlicht für die Auseinandersetzung mit sich selbst interessieren, bleibt zu vermuten, dass zufriedene Phillips-Leserinnen und -Leser vor allem solche sind, denen die Lektüre von Shakespeare, Kafka oder Emerson wie sinnvoll investierte Zeit vorkommt. Interessieren würde mich hier eine Studie, wie diese Bereitschaft mit der Möglichkeit und Bereitschaft zur notfalls privaten Finanzierung psychoanalytischer Einzelsitzungen zum Preis von jeweils ca. 140 Euro korreliert.

15 Zu einer Kritik an der transformativen Kraft von Phillips' Überlegungen auf sozialer und politischer Ebene vgl. Ben Parkers Essay *On Adam Phillips*: »Wenn Phillips aus dem Analytikersessel über Politik doziert, erscheinen seine sonst so schillernden Paradoxe stumpf. Diese Aussagen [bspw. dass der Neoliberalismus allgemeine Freundlichkeit extrem erschwere, H. E.] sind enttäuschend und nutzlos, aber es wäre bedauerlich, wenn eine Kritik des Kapitalismus die Erkenntnisse der Psychoanalyse außer Acht lassen würde. Nur sind diese Erkenntnisse in beiläufigen Überlegungen, die psychische Objektbeziehungen auf soziale Kategorien anwenden, nicht zu finden.« In: *n+1* vom 18. August 2023 (www.nplusonemag.com/online-only/online-only/on-adam-phillips/).

Leser, die sich für diese anderen Texte und Schreibweisen interessieren, verpassen gar nichts, wenn sie nicht Phillips lesen. (Grundsätzlich muss man gar nichts lesen.) Aber wenn sie dann damit fertig sind, sich Apokalyptik und Prophetie zuzuführen, und bereit dafür, alles hinzuschmeißen und schreiend rauszurennen (leider gibt es keinen Ausgang): Dann ist es vielleicht Zeit, übers Aufgeben nachzudenken und sogar einen Essay zum Thema zu lesen.

V.

Phillips' Plädoyer für eine Psychoanalyse, die ohne charismatische Leitfiguren auskommt, ist ebenso sympathisch wie die Überzeugung, dass diejenigen, die sich an die Psychoanalyse wenden, es letztlich schaffen werden, sich mit Unterstützung selbst zu behandeln. Es entspricht in gewisser Weise der Idee einer unendlichen Analyse, für die die endliche Analyse nur die verhältnismäßig kurze Auftaktveranstaltung ist, aus der die Analysandin gut präpariert für alle Fährnisse hervorgeht.

Die Popularität von Phillips' Büchern und ihm selbst als Gast auf Podien (vor allem im englischsprachigen Raum), in Podcasts und als Autor angesehener Zeitschriften wie der *London Review of Books*[16] beruht aber auch darauf, dass er als öffentliche Figur sein Charisma als Projektionsfläche anbietet. Dabei spricht er regelmäßig über seinen Weg zur Psychoanalyse, der ihn vor allem über die Literatur führte: Winnicott oder eben Freud (dessen Herausgeber in der Penguin Modern Classics-Ausgabe er ist) interessierten ihn zunächst als Autoren, nicht als Vertreter einer Heilkunst.[17] Während sich diesen Äußerungen und seinen Texten eine intellektuelle Biografie entnehmen lässt, ist die Auslassung von persönlichen Einlassungen auffallend – und für diejenigen, die tatsächlich noch bei ihm in Analyse sind, vermutlich schützend.

Es eröffnet sich so allerdings eine Projektionsfläche für das kulturell interessierte Publikum, das sich zu seiner Arbeit hingezogen fühlen dürfte und möglicherweise mit den großen Fiktionen von Therapeutinnen und Analytikern vertraut ist, die insbesondere durch Fernsehserien popularisiert wurden. Dr. Jennifer Melfi, die in der HBO-Fernsehserie *The Sopranos* (1999–2007) den Mafiaboss Tony Soprano behandelt, oder Philippe Dayan, in dessen Behandlungszimmer die französische Serie *En thérapie* (zwei Staffeln von 2021 bis 2022, die auf arte ausgestrahlt wurden) fünf Patientinnen und Patienten ihre Traumata aufarbeiten lässt, sind vor allem deshalb faszinierend, weil sie dem Publikum Projektionen ersparen. Die Therapeutinnen werden zuhause oder in ihren Supervisionssitzungen gezeigt, in denen sie über die emotionalen Konflikte

16 Der erste Text Phillips', den das Archiv der *London Review of Books* verzeichnet, ist allerdings kein Essay, sondern ein Gedicht in drei Strophen mit insgesamt zwölf Versen mit dem Titel *Intruder* (Eindringling) aus dem Jahr 1980.

17 Darüber gab Phillips ausführlich Paul Holdengräber in der Serie »The Art of Nonfiction« Auskunft (*Paris Review*, Nr. 208, Frühjahr 2014). In diesem Interview spricht er auch über sein Judentum, dessen Rolle für die Geschichte der Psychoanalyse er immer wieder diskutiert.

Auskunft geben, in die sie durch ihre Arbeit geraten.[18] Aufschlussreich ist, diese Aufgabe von Souveränität (nicht jedoch: Kompetenz) zu sehen, durch die Dr. Melfi und Dr. Dayan als Figuren nahbarer werden, während zugleich die Autorität ihrer Urteile als erfahrungsgesättigt erscheint und sich dadurch erhöht.

Die Darstellung ihrer Supervisionen bedient dabei den psychoanalytischen Topos der Eigenübertragung (also der Idee, dass auch die Analytikerin oder der Therapeut die eigenen Wünsche auf den Patienten projiziert) in einer jeden Voyeurismus besonders befriedigenden Weise: Dr. Melfi fühlt sich von dem hypervirilen Tony Soprano erotisch angezogen und träumt von Sex mit ihm, Dr. Dayan versucht, gegenüber der Attraktivität seiner Patientin Ariane neutral zu bleiben. In beiden Fällen sehen wir, wie es zu einer ultimativen Überschreitung kommt und sich die Therapeutin oder der Analytiker ihrer eigenen erotischen Fantasien nicht mehr erwehren können und sie zumindest teilweise ausleben.[19]

Abgesehen davon, dass ein derartiges Vorkommen in jedem realen therapeutischen Prozess eine Katastrophe für die Patientin und die behandelnde Person wäre,[20] besitzt die Darstellung von Affären in therapeutischen Settings doch einen bestimmten Appeal. Die Überschreitung der unbedingt zu wahrenden Grenze zwischen Dr. Dayan und Ariane oder Dr. Melfi und Tony Soprano löst die grundsätzliche Asymmetrie zwischen denen auf, die auf der Couch grundsätzlich alles sagen sollen, dürfen und wollen, und denen, die (im freudianischen Setting mit Couch und Sessel sogar außer Sichtweise der Patientinnen) dafür bezahlt werden, an den richtigen Stellen »hm«, »warum sagen Sie das« oder »wozu ist das gut« zu sagen. Erst in der Aufgabe ihrer Professionalität, so die Serienerzählung, werden Letztere zu ganzen Menschen. Was hier bedeutet: Sie sind *horny* und verhalten sich auch so. Freuds Charakterisierung von Analytikern als »Personen, die eine bestimmte Kunst auszuüben gelernt haben und daneben Menschen sein dürfen wie auch andere«, verfängt hier in besonderem Maß.

Phillips' publizistisches Engagement steht dazu in starkem Kontrast, vielleicht umso mehr, je häufiger er öffentlich auftritt. Die Widmungen und Danksagungen seiner Bücher weisen auf ein Leben hin, in

18 Einen Schritt weiter geht die *Couples Therapy* (seit 2019 vier Staffeln auf Showtime), in der neben den Sitzungen, die die Therapeutin Dr. Orna Guralnik abhält, eben auch Ausschnitte aus ihren Supervisionssitzungen zu sehen sind. Bei *Couples Therapy* handelt es sich um eine Doku-Fiktion.

19 Gemessen an der realen Dauer einer Psychoanalyse, die viele hundert Stunden in Anspruch nehmen kann, geschieht das dramaturgisch äußerst effektvoll gerafft. Die Mühen der psychoanalytischen Ebenen abzufilmen wäre zugegebenermaßen auch für alle Außenstehenden (und manchmal sogar die Beteiligten) ziemlich öde; kein Wunder auch, dass sich auf Youtube ein nur siebzehnminütiger Supercut von »Breakdowns and Breakthroughs« aus *Couples Therapy* findet.

20 Diese wirkt sich neben der psychischen Verletzung unter Umständen auch juristisch aus. Die Berufsordnung der Psychotherapeuten in Deutschland untersagt jeden sexuellen Kontakt mit Patientinnen oder Patienten. Ein sexueller Kontakt kann berufs- und strafrechtliche Konsequenzen haben und zum Ausschluss aus Berufsverbänden führen. Für diesen und andere Hinweise danke ich Johannes Ehrenthal.

dem Freundschaften und Liebe eine zentrale Rolle spielen mögen, und wer sich manche Aufzeichnungen von Panels mit ihm genauer anschaut, erhält als privateste Information unter Umständen einen Blick auf seine schönen Chelsea Boots aus grünem Samt.[21] Aber all seine Worte müssen reichen, in all dem, was sie auslassen. Sie ermöglichen auch die Frage, wie es wäre, einen Analytiker zu haben, der Phillips'sche Fragen stellt, seine Art von Einsichten hat und auch mitteilt, explizit, nicht bloß eingewickelt in ein »Hm«.

Stellt sich heraus, dass man sie sich ausleihen kann, die Fragen und die Einsichten, einfach so, durchs Lesen. Natürlich wird man weder durch diese Einsicht noch durch andere von Phillips, Freud oder den anderen ausgeliehenen Einsichten eine professionelle Analytikerin. Aber man kann sich ja mal auf die Couch legen, mit sich selbst, unendliche-Analysemäßig.

21 *One Way or Another*. Matthew Taylor im Gespräch mit Adam Phillips, Panel der Royal Society for the Encouragement of Arts, Manufactures and Commerce, Februar 2014 (www.youtube.com/watch?v=4TwGctui4Uo&t=789s).

Zur Soziologie des Verlusts

Von Oliver Schlaudt

I

Der Wunsch, in die Zukunft blicken zu können, muss uralt sein, denn er ist den Mythen vieler Kulturkreise gut bekannt, und sie belegen ihn oft mit einem hohen Preis, fordert er doch das Privileg der Götter auf Allwissenheit heraus. Während die Unkenntnis darüber, was das Schicksal einem jeden von uns bereithält, weiterhin zur conditio humana gehört, hat sich die Situation doch grundlegend geändert, wenn man nach den Rahmenbedingungen statistischer Kollektive fragt. Per Knopfdruck lässt sich mit den Computermodellen der Klimawissenschaften eine Prognose berechnen, wie es uns und unseren Nachkommen in einigen Jahrzehnten ergehen wird, und die Aussichten sind nicht gut. Die Menschheit ist im Begriff, den Boden unter den Füßen zu verlieren. Das Zeitfenster, in dem das Schlimmste noch abgewendet werden könnte, schließt sich. Unsere Gesellschaften scheinen allerdings in all ihren Entscheidungen konsequent den falschen Weg einzuschlagen, offenbar fest entschlossen, die Welt in einem sinnlosen Konsumrausch zugrunde gehen zu lassen.

Die Klimawissenschaften finden sich mithin weniger in der antiken Rolle des Tantalos wieder, der das Wissen der Götter versuchte, sondern vielmehr in der der Kassandra, die Apollo mit dem grausamen Fluch belegte, zwar in die Tiefen einer unschönen Zukunft blicken zu können, aber mit ihren Warnrufen kein Gehör zu finden. In dieser Qual blieb sie sich sodann selbst überlassen: »Alles ist der Freude offen, /

Alle Herzen sind beglückt, / Und die alten Eltern hoffen, / Und die Schwester steht geschmückt. / Ich allein muß einsam trauern, / Denn mich flieht der süße Wahn, / Und geflügelt diesen Mauern / Seh' ich das Verderben an.«

Forschende in den Klimawissenschaften müssen sich in diesen Zeilen Friedrich Schillers wohl wiederfinden. »It's profoundly painful not to be able to change it«, ruft eine Spezialistin für den Amazonas-Regenwald nach den großen Bränden von 2015 aus: »Burnt forests tell the story of a past that is no more, and of an unfortunate future for most of the Amazon«. Zitiert wird sie in einem Artikel, den kürzlich das Wissenschaftsmagazin *Nature* eigens der Frage widmete, welche Strategien Forschende entwickeln, um mit der mentalen Erschöpfung umzugehen, die ihnen aus Verzweiflung an der Lage droht.[1]

Nur 6 Prozent der in die IPCC-Berichte involvierten Autoren glauben daran, dass das 1,5-Grad-Ziel noch erreichbar ist. Sie machen sich keine Illusionen, und diese Situation schlägt sich in entsprechenden Emotionen nieder. In der Literatur ist von »eco-anxiety« die Rede, die eine Form von Stress darstellt. Bekannt ist auch der als »solastalgia« bezeichnete Schmerz beim Verlust eines heimatlichen Ökosystems.[2] In dem *Nature*-Artikel ist wie in Schillers *Kassandra*-Gedicht sogar von Trauer die Rede, »climate grief«, und es wird ein Good Grief Network vorgestellt, das es sich zum Ziel gesetzt hat, Menschen bei der Verarbeitung von Klimaangst und -trauer zu unterstützen.

Im Zusammenhang mit den Zukunftsprognosen der Klimawissenschaften bewirkt das Wort »Trauer« eine eigenartige Perspektivenumkehr. Die katastrophenumwölkte Zukunft wirkt wie ein dunkler Spiegel, der den prophetischen Blick der Klimamodelle in die entgegengesetzte Richtung zurückwirft und trauernd zurückblicken lässt auf unsere Gegenwart, die alsdann zur Vergangenheit geworden sein wird – und die einem darüber fast beginnt, unwirklich vorzukommen, wenn man, Schillers Kassandra gleich, in all ihrem Prunk immer auch schon die Ruine sieht, zu der zu verfallen sie sich ja selbst bestimmt. Auf diese seltsame Weise wird unserer Gesellschaft nicht nur die prophetische Vorausschau, sondern auch der schmerzhafte Rückblick zu einem existentiellen Anliegen.

Aber ist Trauer hier der richtige Begriff? Auf Sigmund Freud geht die Vorstellung einer Trauerarbeit zurück, in der eine allmähliche Loslösung von dem real bereits verlorenen, als Vorstellung aber noch zurückgehaltenen Menschen, Gegenstand oder Zustand geschieht, was nach einigem Sträuben, die wir eben als Trauer empfinden, gelingt. Am Werk sieht Freud (in *Trauer und Melancholie*) darin den bloßen Lebenswillen, der »das Ich dazu bewegt, auf das Objekt zu verzichten, indem es das Objekt für tot erklärt und dem Ich die Prämie des am Leben Bleibens bietet«. Nach Vollendung der Trauerarbeit wird das Ich »wieder frei und ungehemmt«.

1 Meghie Rodrigues, »*Who will protect us from seeing the world's largest rainforest burn?« The mental exhaustion faced by climate scientists*. In: *Nature*, Nr. 632 vom 12. August 2024.

2 Glenn Albrecht u.a., *Solastalgia: the distress caused by environmental change*. In: *Australasian Psychiatry*, Nr. 15/1, 2007.

Ob sich Klimatrauer nach diesem Modell verstehen lässt, ist schon deshalb fraglich, weil es dabei in vielen Fällen um Verluste geht, über deren Bedeutung wir überhaupt erst durch wissenschaftliche Forschung erfahren. Überdies passt die Zielvorgabe im Modell der Trauerarbeit nicht. Wir können die verlorene Natur nicht einfach »für tot erklären«, um wieder »frei und ungehemmt« zu werden. Auch in Alexander Eisenachs Anthropozän-Stück *Anthropos, Tyrann (Ödipus)* ist der Begriff der Trauer zentral, aber ihre funktionale Rolle wird im Off-Kommentar vom Band vorsichtig adjustiert: »Unsere Trauer erlaubt uns nicht, angesichts dessen zynisch zu werden, nicht melancholisch oder gar nostalgisch. WIR TRAGEN TRAUER. Die Trauer erlaubt uns, zu verstehen, dass jemand wirklich gestorben, dass etwas wirklich und unwiederbringlich verschwunden ist. Indem wir trauern, erkennen wir uns als mit dem Verlorenen verwandt. WIR TRAGEN TRAUER. Die Trauer lässt uns erwachsen werden. Sie lehrt uns, Verantwortung zu übernehmen. Wir trauern, um zu lernen, auf einem beschädigten Planeten zu leben, in den Ruinen vermeintlicher Größe.«

In dem *Nature*-Artikel setzt ein Klimawissenschaftler die Trauer der Angst geradezu entgegen: Angst trennt von der Welt, die Trauer, so wie er sie versteht, soll wieder mit ihr verbinden. Trauer um den Verlust also als Quelle für die Kraft, zu retten, was an intakter Umwelt, an kultureller und natürlicher Vielfalt noch nicht verloren ist. In Alexander Eisenachs Theaterstück kommt im Modus des Futur II auch das besondere Verhältnis zur Zeit zur Sprache, das sich in dem seltsamen Rückblick aus dem dunklen Spiegel der Zukunft abzeichnet: »Das hier wird eine Tragödie gewesen sein […] Diese Tragödie wird sich nicht von außen betrachtet haben lassen. Diese Tragödie wird bereits gespielt worden sein, wenn die Prozesse des Verstehens beginnen.«

Ohne hier weiter in die Tiefe zu gehen, wird klar, dass unsere besondere Gegenwart ein präzises Nachdenken über die Begriffe von Verlust und unsere Verhältnisse zu ihm – Trauer, Nostalgie, Melancholie – fordert, ein Nachdenken, das unsere existentiellen Verhältnisse zur Welt und den Modi der Zeit – Zukunft, Gegenwart und Vergangenheit – berührt. Es knirscht vernehmlich im metaphysischen Gebälk der Moderne, und das sollte uns zu denken geben. Ein solches Nachdenken muss allerdings auch sich selbst gegenüber kritisch sein. Kann es sich bei Phänomenen wie *eco anxiety* und *climate grief* in westlichen, akademischen Kreisen nicht um so etwas wie »white fragility« (Robin DiAngelo) handeln, also jenes aus der privilegierten Position resultierende Unvermögen, mit Frustrationen und anderen negativen Erfahrungen umzugehen, oder, schlimmer noch, weil ideologisch verblendet, um eine Marotte einer selbstbezüglichen »PMC«, der »professional-managerial class« (Ehrenreich & Ehrenreich), die sich und ihre Befindlichkeit für den Nabel der Welt hält und der auch die ökologische Krise bloß ein billiger Anlass ist, in der Suche nach Distinktion die eigene Betroffenheit zur Schau zu stellen? Sicher, zwei bloß dahingestellte Hypothesen, die beide aber immerhin erklären würden, warum in der ökologischen Krise Wissen partout nicht in angemessenem Handeln mündet, warum wir so matt und tatenlos sind.

II

Die Fragen sind damit gestellt, Vorschläge für Antworten willkommen. Da kommt es gerade recht, dass Andreas Reckwitz, der bereits mit seiner *Gesellschaft der Singularitäten* im Genre der Gegenwartsdiagnose 2016 hohe Wellen geschlagen hat, nun unter dem Titel *Verlust – Ein Grundproblem der Moderne* eine »Soziologie des Verlusts« vorgelegt hat.[3] Was sich hier Soziologie nennt, hat sich, wie bei diesem Autor üblich, weit von dem Anspruch entfernt, auf empirischer Grundlage kausale oder gesetzmäßige Erklärungen für soziale Phänomene zu liefern. Es geht eher um eine Gegenwartsdiagnose mit einem Fokus darauf, dass unser Umgang mit Verlust nichts (rein) Individuelles ist, sondern einigermaßen klaren epochen- und (in meinen, nicht seinen Worten) klassentypischen Mustern folgt, die sich mit der Zeit ändern. Man mag von der Soziologie anderes erwarten, aber für unsere Zwecke ist es willkommen. Auch verlangt es analytischen und hermeneutischen Scharfsinn, diese Muster herauszulesen, und darin besteht bei aller Kritik, die man sonst hegen mag – und die später noch zur Sprache kommen wird –, eine Stärke von Reckwitz.

Nun ist Verlust natürlich kein modernes Phänomen. Schon immer hat die Menschheit diese Erfahrung machen müssen, allein schon, weil der Tod ihr steter Begleiter ist. Entsprechend schuf sie sich einschlägige Narrative und Praktiken, um Verluste verarbeiten zu können – Tragik, Heroik, tröstliche Kosmologien. Die Situation verändert sich freilich grundlegend mit dem Anbruch der Moderne. In Europa wird, in den Worten von Lévi-Strauss, aus der »kalten« eine »heiße« Gesellschaft. Wo vorher relative Konstanz in den Rahmenbedingungen von Technik und Gesellschaftsstruktur herrschte, wird nun historischer Wandel sogar in der Spanne der eigenen Biografie zur Grunderfahrung – und damit auch der Verlust, der mit dem Wandel notwendig verknüpft ist.

Da aber die verlorenen Dinge (Menschen, kulturellen Ausdrucksformen, beruflichen Lebenswelten usw. usf.) durchaus identitätsstiftend wirken konnten, wird der Verlust oft als eine tiefe Erschütterung erfahren, die gesellschaftlich aufgefangen werden können muss. An dieser Stelle springt das gesellschaftliche Fortschrittsversprechen ein, also die tiefe Überzeugung, die Gegenwart sei besser als die (primitive, bornierte) Vergangenheit, und die Zukunft (mit all ihren technischen Möglichkeiten!) werde besser als die Gegenwart sein. Reckwitz spricht gar von einem in der Moderne wirksamen »Fortschrittsimperativ«, insofern die »zentralen institutionellen Ordnungen und Lebensformen der modernen Gesellschaft« von Fortschrittserwartungen angeleitet sind und sich entsprechend »in ihrer *inneren* Logik auf Fortschritt verpflichten«. Damit entpuppt sich der Fortschrittsglaube als faktische Grundlage unserer Gesellschaft, was nicht wenig ist.

Das Fortschrittsversprechen stellt genau genommen nicht nur eine Teilhabe am gesamtgesellschaftlichen Aufstieg zu Freiheit und Überfluss in Aussicht, sondern deutet den allseits erlebten Wandel überhaupt erst als Fortschritt. Und damit zeichnet sich schon eine fragile Konstellation ab: Das Fortschrittsnarrativ bringt

3 Andreas Reckwitz, *Verlust. Ein Grundproblem der Moderne*. Berlin: Suhrkamp 2024.

einerseits unweigerlich Verluste hervor, einfach weil Wandel Verlust impliziert, bietet den Menschen aber – bar der vormodernen Narrative von Tragik oder postumer Glorie und intrinsisch auf Vermeidung negativer Erfahrungen durch stete Steigerung von Komfort und technischer Herrschaft bedacht – keine Möglichkeit, ihn sinnvoll zu verarbeiten (genau wie die Gesellschaft der Singularitäten den Individuen keine Ressourcen zur Verarbeitung von Misserfolgen und Erfahrungen des Scheiterns bereitstellt – in meiner Erinnerung eine der eindrücklichsten Beobachtungen in Reckwitz' Buch von 2016, die hier offenbar eine Fortsetzung und Steigerung findet).

Um das Gesicht wahren zu können, müssen die Verluste relativiert oder verdrängt werden. Nehmen wir aus der detaillierten Analyse allein das drastischste Beispiel, den fortdauernden Skandal von Sterben und Tod, die eben darum konsequent in die Privatsphäre verbannt werden. Hinzu kommt eine doppelte Verlustbilanz der Moderne: Nicht nur ist auch jede Verbesserung mit einer Verlusterfahrung verbunden, insofern das Alte doch identitätsstiftend wirken konnte. Nein, der Wandel bringt auch immer mehr unzweifelhafte Verschlechterungen mit sich. Die Statistiken der UN zeigen, dass über die gesamte Neuzeit hinweg Kriege immer mehr Opfer fordern. Die Wahrscheinlichkeit eines »conflict-related death« war nie so hoch. Dazu kommen die ökologischen Externalitäten, die sich in der Umwelt akkumulierten und inzwischen auf unsere Körper zurückschlagen. Die Fortschritte der modernen Medizin dienen in immer größerem Maße dazu, die Nebenfolgen der technischen Moderne in Schach zu halten, woran sie aber zum Beispiel in der Krebsepidemie, von der man inzwischen spricht, zu versagen beginnt.[4] Pest und Krieg sind für unsere Gegenwart viel charakteristischer als für die dunklen Jahrhunderte davor.

Ist es nicht verblüffend, wie schwer es uns fällt, dies zu denken, in welchem Maß uns ein internalisiertes Fortschrittsnarrativ ein vollkommen kontrafaktisches »Ja, aber … « auf die Zunge legt? Was die Ökonomin Marilyn Waring als einfache Wahrheit über das Bruttoinlandsprodukt aussprach, lässt sich als Motto der gesamten Moderne begreifen: »There is no debit side« – wir führen nicht Buch über unsere Verluste.[5] Reckwitz spricht von »Zukunftsbias«, von Verdrängung von Verlusten als »*inhärentem* Bestandteil« der Moderne und einer »strukturellen Tendenz der Moderne zugunsten sozialen Vergessens«: Da das Alte, Verlorene ohnehin überholt war, ist es auch nicht erinnerungswürdig – oder doch nur als Teil einer Fortschrittsgeschichte hin zu Besserem.

Gegendiskurse, die das Fortschrittsnarrativ infrage stellen, haben freilich die gesamte Moderne begleitet, und dabei gilt mitnichten – um eine Kritik schon hier anzubringen – die unterkomplexe Gleichung von links und fortschrittsfreundlich einerseits und rechts und fortschrittsfeindlich andererseits, die Reckwitz erst in der von

4 Roberto Cazzolla Gatti, *Why We Will Continue to Lose Our Battle with Cancers If We Do Not Stop Their Triggers from Environmental Pollution*. In: *International Journal of Environmental Research and Public Health*, Nr. 18/11, 2021.

5 Terre Nash, *Who's counting? Marilyn Waring on Sex, Lies and Global Economics*. National Film Board of Canada 1995 (www.nfb.ca/film/whos_counting/).

ihm so bezeichneten Spätmoderne aufbrechen sieht. Es stimmt natürlich, dass sich eine Linke als Bewegung derjenigen, die in der Vergangenheit zu den Verlierern zählten, von nichts anderem als der Zukunft eine Verbesserung erhoffen kann. Aber dies impliziert keinen unkritischen Fortschrittsenthusiasmus, der wohl eher für die technokratische Elite charakteristisch ist, die je nach historischem Kontext politisch sehr unterschiedlich positioniert sein kann.

Tatsächlich gab es aber auch immer eine humanistische Fortschrittsskepsis, die das vulnerable Individuum und seine Verlusterfahrungen gegen kollektive Modernisierungsfantasien in Schutz nahm. Stellvertretend für eine ganze Tradition, aber vielleicht auch als ihren Höhepunkt, verweise ich auf Walter Benjamins Figur des »Engels der Geschichte«. Er sieht in der Vergangenheit eine einzige Katastrophe – die fehlende »debit side« –, möchte verweilen, kitten, die Toten wecken, aber der Sturm des Fortschritts treibt ihn in die Zukunft, immer weiter fort vom Paradies. Diese erschütternde Vision ist radikal fortschrittsskeptisch, zugleich aber genuin modern, da sie den Sturm aus dem Paradies, der in anderen Zeiten nicht geblasen hat, durchaus kennt. Sie stellt nur infrage, ob er uns dem Guten näher bringt.

In der »Spätmoderne« – also der Ära des postfordistischen, neoliberalen und finanzialisierten Kapitalismus, von dem Reckwitz aber nicht sprechen möchte – verschieben, ja verschärfen sich die Verhältnisse noch einmal. Zum einen werden die Folgeschäden des Modernisierungsprozesses immer sichtbarer. Zum anderen bringt der Wandel des Zeitgeists, wie er schon in *Gesellschaft der Singularitäten* im Zentrum stand, eine neue Betroffenheit von diesen Verlusten hervor. Reckwitz identifiziert sechs »Verlustschübe«, die der Gesellschaft zusetzen: »Im Hexagon der spätmodernen Verlustschübe treffen Effekte der Postindustrialisierung und Entdemokratisierung auf Erwartungssteigerung sowie emotionale Sensibilisierung, den Klimawandel, die kritische Geschichtskultur und eine alternde Gesellschaft.«

Der Fortschrittsimperativ gibt sich nicht kampflos geschlagen, sondern kann sich vorerst in eine Subjektivierung retten, insofern der Einzelne noch immer hofft, dass es für ihn – gegen den Trend – besser werden mag. Gleichwohl, als kollektives Großnarrativ ist der Fortschrittsglaube angeschlagen und macht einer neuen Zukunftsskepsis Platz, in der eine »gesellschaftliche Selbstverständigung über reduzierte Zukünfte« stattfindet. Ja, die Erfahrung von Verlust kann dabei sogar ihrerseits zu einem neuen Identitätsanker werden, negativ im Populismus, der sich aus Verlustängsten nährt, aber vielleicht auch positiv in liberal-progressiven Bewegungen wie *degrowth* oder *restorative justice*. Wir dürfen uns dies indes nicht als harmlosen Prozess vorstellen. Mit der Überzeugungskraft des Fortschrittsimperativs droht, wie Reckwitz selbst notiert, nicht weniger als die Legitimität der liberalen Gesellschaften zu erodieren.

Dieses Panorama ist es, was ich aus der Lektüre zurückbehalten habe. Mit der Rede von der Legitimität der Neuzeit an ihrem Ende hat sich Reckwitz eigentlich sogar eine Steilvorlage für ein furioses Finale geschaffen, denn bei jedem, der je nur ein paar Seiten von Max Weber gelesen hat, wird das Wort Legitimität ja wie ein Blitz einschlagen. Allein, Reckwitz lässt, nachdem er kurz und pflichtgemäß auf die Gefahr des Rechtspopulismus hinweist, sein Buch lieber in drei Szenarien auslaufen, wonach entweder alles von alleine besser wird, oder alles dem Ende zugeht, oder die Moderne sich irgendwie – gereifter – in die Zukunft retten kann. Nun, das ist nicht nur beinahe tautologisch, sondern lasch. Auch das Panorama, wie ich es hier rekonstruiert habe, findet sich im Buch so nicht. Halb muss man es sich zusammensuchen, halb hinzudenken (auch der Engel der Geschichte darf nicht auftreten). Vor allem aber schärft die Lektüre nicht zufriedenstellend unseren kritischen Blick auf Verlustdiskurse. Wir lernen sie besser kennen, erhalten aber keinen Hinweis, inwiefern wir ihnen auch trauen dürfen. Und das alles, so scheint es mir, hat seine Gründe, womit wir beim schwierigeren Teil wären, nämlich der Kritik am Werk.

III

Kommen wir noch einmal darauf zurück, welches Ziel sich Reckwitz selbst setzt. Nach eigener Aussage geht es ihm darum, in einer »kritische[n] Analytik der modernen Verhältnisse [...] die in sich widersprüchliche Verlustdynamik« aufzudecken. Einerseits beweist er darin viel Fingerspitzengefühl – wie schon in *Gesellschaft der Singularitäten* bei der Analyse der in sich widersprüchlichen »performativen Selbstverwirklichung« –, und so darf er am Ende des Buchs zu Recht resümieren: »Der Widerspruch zwischen Fortschrittsversprechen und Verlusterfahrungen ist für die Moderne ein potenzieller Sprengsatz.«

Andererseits sind der hier anklingenden Kritik im Buch de facto enge Grenzen gesetzt. Immer, wenn sich eine konkrete Möglichkeit bietet, dem Liberalismus seine Aporien um die Ohren zu hauen, wird Reckwitz seltsam zurückhaltend. So etwa, wenn er subtil und zu Recht herausarbeitet, dass die Moderne ihre Verluste, um sie verarbeiten zu können, eigentlich als »Opfer« begreifen muss, die dem Fortschritt dargebracht werden, damit aber ausgerechnet einen vormodernen, illiberalen Diskurs bemühen muss, denn Fortschritt bedeutet ja gerade, dass man nicht mehr wie in dunkler Vorzeit Opfer bringt, geschweige denn Menschen dem übergeordneten Ziel opfert. Statt nun aber unsere Gesellschaft mit diesem Widerspruch schonungslos zu konfrontieren, zieht Reckwitz gedanklich die Reißleine und erklärt ohne weitere Erläuterung und fast so, als wäre er über seine Erkenntnis selbst erschrocken, die Idee des Opfers würde eben »modernisiert«.

Was geht hier vor? Eigentlich ist es ganz einfach, und Reckwitz selbst spricht es aus. Seine »kritische Analyse« grenzt sich vor allem gegen eines ab, nämlich normative Kulturkritik. Er wolle weder Verluste als solche anprangern noch Verlusterfahrungen bewerten. Wir erkennen hierin leicht das paternalistische Schreckgespenst, das sich der Liberalismus einzig unter kritischer Theorie vorstellen kann. Fast überflüssig, dies richtigzustellen: Als ob nicht gerade die kritische Theorie den Anspruch erhebt, auf der Seite des vulnerablen Individuums zu stehen, die Zumutungen, denen es durch die Moderne ausgesetzt ist, zu artikulieren, und das falsche Glück und die falsche Freiheit zu kritisieren, nicht weil sie besser wüsste, worin das wahre Glück und die wahre Freiheit bestünden, sondern um uns allen die Freiheit zu geben, dies gemeinsam herauszufinden, damit wir auch gemeinsam für sie kämpfen können.

Schon in *Gesellschaft der Singularitäten* hatte Reckwitz diese Weichenstellung vorgenommen, und man musste sie nicht mögen, in *Soziologie des Verlusts* wird sie nun aber fast zu einem logischen Problem. Reckwitz betont, dass er mit dem neuen Buch – nachdem er sich die oft geäußerte Kritik an *Gesellschaft der Singularitäten*, es würde sich allzu sehr auf ein bestimmtes Milieu fokussieren, offenbar zu Herzen genommen hat – nun den Blick den Verlierern des Modernisierungsprozesses zuwenden wird. Verlust, Vulnerabilität, Nostalgie, das in offiziellen Narrativen ausgesparte und damit verdoppelte Leid ist ja eigentlich das Lebenselixier der kritischen Theorie.

Das Problem besteht also nicht einfach darin, dass sich die »normative Enthaltsamkeit« (Hartmut Rosa über Reckwitz) nicht durchhalten lässt und natürlich überall politische Meinung durchschimmert. Nein, es besteht vielmehr darin, dass die Eigenlogik des Projekts eigentlich von ganz alleine hin zu einer Art kritischer Theorie strebt – es sei denn, man verhindert dies aktiv, und genau das scheint mir in *Verlust* der Fall zu sein.

Man spürt bei der Lektüre, dass Reckwitz immer wieder die Notbremse ziehen muss. An solchen Stellen fallen Sätze wie: Es »würde die soziale Welt überfordern«, wenn sie »unfähig [wäre], zu vergessen«; »Man sollte sich der Defizite der Modernisierung bewusst sein, aber gleichwohl ihre Leistungen anerkennen«; »Das Mittelalter war eben nicht so pittoresk, wie es im Blick auf das Mittelalter erscheint«. Möchte Reckwitz etwa diese biederen Banalitäten Walter Benjamin entgegenhalten? Wird sein Engel der Geschichte, gebannt von den Trümmern der Vergangenheit, auch nur mit der Wimper zucken? Ich möchte nicht polemisch werden, aber der Punkt sollte klar sein: Solche Aussagen figurieren im Text nicht als Thesen, als Ergebnisse des kritischen Nachdenkens, sondern vielmehr als Verbotsschilder für ein ebensolches Denken. Sie ersticken es mit ihrem sauerstofffreien gesunden Menschenverstand.

Man kann das so offen aussprechen, ohne dem Autor zu nahe zu treten, weil man bei der Lektüre spürt, dass der Text sich zu dieser Haltung viel mehr zwingen muss, als dass er ihn verkörpert. Gleichwohl hat die Grundhaltung, die Reckwitz seinem Buch verschreibt, erhebliche Konsequenzen. Um Kulturkritik zu vermeiden, hält er sich streng an subjektive Verlusterfahrungen und die ihnen entsprechenden Diskurse. Damit fehlt als erste Konsequenz die objektive, materielle Seite seiner Kulturgeschichte, nämlich die Verluste selbst, die in den Verlusterfahrungen reflektiert werden. Reckwitz fällt es unglaublich schwer, die objektive Verlustdynamik zu beschreiben, etwa die Akkumulation ökologischer Externalitäten oder die einfache Tatsache, dass die Moderne Verlusterfahrungen potenziert, nicht nur weil sie für Verluste sensibel macht, sondern weil sie auch die Verluste selbst immer weiter anwachsen lässt. Das Buch zeugt durchgängig von Weltvergessenheit, und aus diesem Grund findet sich in ihm auch nicht das oben von mir rekonstruierte Panorama. Ulrich Beck, um ein Gegenmodell zu nennen, hat dieser Seite in seinem Werk einen prominenten Ort gegeben und aus den Befunden kritische Schlussfolgerungen über Technik, Wissenschaft und gesellschaftliche Organisation abgeleitet. Vergleichbares hat *Verlust* nicht zu bieten.

Eine äußerste Zuspitzung erfährt die Fokussierung auf Verlusterfahrungen im Problem menschlicher Verluste. In dieser Frage hat Zygmunt Bauman in *Wasted Lives* (2003) Pionierarbeit geleistet, die Reckwitz aber nicht rezipiert. Tote machen keine Erfahrungen, weshalb sie bei Reckwitz (anders als in der Vision vom Engel der Geschichte) selbst nicht vorkommen, sondern immer nur vermittelst der Verlusterfahrungen der Lebenden (»restorative justice«, »kritisches Geschichtsbewusstsein« etc.). Und diese Beobachtung eines strukturellen Bias führt uns zum Kern des Problems.

Verlust wollte sich den Modernisierungsverlierern zuwenden, die im Vorgängerband zu kurz kamen. Aber dieses Versprechen wird nicht eingelöst. Die Opfer und Verlierer treten hier nicht in ihrem eigenen Namen auf, sondern nur im Spiegel der Erfahrungen des Subjekts, und zwar eines ganz bestimmten, ungenannten Subjekts, das durch das Buch schwebt. Es ist das Subjekt, das im Zentrum des »Hexagons der Verlustschübe« steht, das also besorgt eine »Entdemokratisierung« wahrnimmt (statt der Politik einfach schon längst den Rücken gekehrt zu haben), das eine »Erwartungssteigerung« erfährt (statt sich mit der Misere abgefunden zu haben), das »emotional sensibilisiert« (statt müde und erschöpft) ist, das sich um den Klimawandel sorgt (also um das Ende der Welt, nicht das Ende des Monats …), ja das sogar an einer »kritischen Geschichtskultur« teilhat (bitte was?) – mit anderen Worten: Es ist das Subjekt der *Gesellschaft der Singularitäten*, dem Reckwitz eigentlich entkommen wollte.

An dieser Stelle geht es nicht bloß um eine Verengung des Fokus, wie Reckwitz die Kritik an *Gesellschaft der Singularitäten* verstanden zu haben scheint (ohne freilich diesem Problem entkommen zu können). Es unterbleibt vielmehr auch der epistemische Bruch, auf den Bourdieu nicht müde wurde, als Bedingung einer veritabel soziologischen Analyse hinzuweisen. »Vieles deutet darauf hin«, notierte Cornelia Koppetsch schon für *Gesellschaft der Singularitäten*, »dass der Autor die Selbstbeschreibung der spätmodernen Gesellschaft mit ihren Strukturen verwechselt«[6] – also im besten Fall nichts erklärt, im schlimmsten Fall nolens volens zum Komplizen eines ideologischen Diskurses wird.

Das Defizit, um es konkret zu machen, wird am »Hexagon der Verlustschübe« unmittelbar deutlich. Wir haben es mit einem Potpourri heterogener Dinge zu tun, die in ihrer historischen Koinzidenz und ideologischen Konstellation unverstanden bleiben. Sie mögen auf die (oder eher ganz bestimmte) spätmodernen Subjekte einprasseln. Aber Reckwitz vollzieht dieses Erlebnis nur von innen nach, analysiert feinsinnig die oft paradoxen Konsequenzen, nimmt es aber nie von außen als erklärungsbedürftiges Phänomen wahr.

6 Cornelia Koppetsch, *Die Gesellschaft der Singularitäten 2. Eine kultursoziologische Kartierung der Gegenwart – doch stimmt sie auch?* In: *Soziopolis* vom 10. November 2017 (www.soziopolis.de/die-gesellschaft-der-singularitaeten-2/buchforum-reckwitz-buchforum.html).

Wie kann es zum Beispiel sein, dass die »demokratische Regression« mit dem Aufkommen einer »kritischen Geschichtskultur« und der »Verbreitung des Ideals der Menschenrechte« historisch koinzidiert? Diese Dinge passen *prima facie* nicht zusammen, weshalb man mit den klassischen Werkzeugen der Ideologiekritik in die Tiefe gehen muss. Wie ist der Diskurs konstituiert, und wie das Subjekt dieses Diskurses, so dass diese Dinge sich schließlich doch als miteinander verbunden erweisen?

Begriffe wie »progressiver« (Nancy Fraser) oder »linker« Neoliberalismus (Walter Benn Michaels), »hard modernity« (Aldo Haesler), »PMC« (Ehrenreich & Ehrenreich) liegen hier auf der Hand, aber das Buch verweigert diese Analyseebene vehement – also die Ebene einer Soziologie, die noch nicht ihren endgültigen Frieden mit unserer Welt gemacht hat, sondern ihr noch misstraut. Und was ich vom »Hexagon« sagte, gilt leider für das ganze Buch. Es tritt gleichsam mit einem enzyklopädischen Anspruch auf, möchte alles erwähnen, was irgend mit Verlust zu tun haben könnte, und ächzt schlussendlich unter der Last einer langen Liste, die von der Kulinarik der Diaspora über Kipppunkte im Erdsystem und dem Simplify your life-Trend bis zum Holocaust reicht, sich aber eben in einer bloßen Nennung ohne Analyse erschöpft, ohne dass diese Dinge in einem neuen Licht erschienen, ohne dass eine verborgene Einheit greifbar würde.

IV

Nun, der Engel der Geschichte blickt noch immer unverwandt in die Vergangenheit, während der Sturm ihn in die Zukunft treibt. Wollte Benjamin in dieser Vision überhaupt eine gerechte Bilanz der Moderne ziehen? Die Vision ist radikal einseitig, und darin sehe ich keine Schwäche, sondern eine Aufforderung, vor der anstehenden Bilanz erst einmal Tabula rasa zu machen. Es geht eben nicht um eine offizielle Erinnerungskultur, die anerkennt, dass es »auch« Opfer gab (und damit riskiert, doch wieder nur Herrschaftskultur zu sein).

Die Trauer, so lasen wir bei Eisenach, »erlaubt uns, zu verstehen, dass jemand wirklich gestorben, dass etwas wirklich und unwiederbringlich verschwunden ist«. Wie die Klimawissenschaft sich in der Kunst der Vorausschau übt, so müssen wir die Kunst der trauernden Rückschau erlernen. In einem hat Reckwitz ja Recht: Der Verlust ist ein Grundproblem der Moderne.

Aber gerade deswegen wird man ihm nicht gerecht, indem man die Struktur der Verlusterfahrungen und -diskurse in einem bestimmten Milieu analysiert. Was *Verlust* liefert, ist genau dies, eine feine Analyse der Binnenlogik von Wahrnehmungen und Diskursen innerhalb einer akademischen Mittelklasse, die von sich glaubt, kulturell und moralisch den Ton anzugeben. Dies leistet Reckwitz auch durchaus mit einem alles andere als naivliberalen Blick für die Plastizität der Subjekte, die strukturellen Zwänge, denen sie ausgesetzt sind, und die Paradoxien, die sich aus diesen Zwängen ergeben können.

Solche Analysen sind wertvoll. Man kennt sie aus der erzählenden Literatur, die ja – wie zum Beispiel bei der Erkundung des Angestelltenmilieus bei Autoren wie Robert Walser, Kafka, Italo Svevo und Fernando Pessoa – bisweilen der

Soziologie zuvorkommt und dies sogar noch mit ästhetischem Wert zu verbinden weiß. Hier liegt nun etwas Ähnliches vor, nur eben in der zeitgenössischen Prosa der Kulturwissenschaften mit all ihren Schrullen und Eigenheiten, was aber nicht davon abhalten sollte, dasjenige, was daran richtig ist, in eine veritable Theorie des Verlusts zu integrieren, wie sie für unsere Gegenwart wirklich von Bedeutung wäre.

Was wir nun benötigen, ist eine echte Bilanz der Moderne, und das heißt zuallererst die fehlende *debit side*, ein Inventar unserer realen Verluste. Dazu müssen wir wissen, was ein Verlust ist, was natürlich schwierig ist, weil wir es mit einem normativen, wertenden Begriff zu tun haben. Dies herauszufinden verlangt auch eine skeptische, ideologiekritische Analyse davon, wie Verluste politisch konstruiert, gefiltert, bisweilen instrumentalisiert werden. Ein trauernder Blick muss schließlich nicht naiv sein.

Und ist solcherart die *debit side* nachgetragen, werden wir es dann wagen, die Bilanz zu ziehen, Gewinn und Verlust einander gegenüberzustellen und zu fragen: Hat es sich gelohnt? War es das wert?

Nicht mein Buch

Eine Replik auf Matthias Goldmanns Kritik

Von Philip Manow

Matthias Goldmanns Rezension von *Unter Beobachtung* im *Merkur* vom Oktober handelt nicht von meinem Buch gleichen Titels, sondern von zwei anderen Büchern: von einem, von dem er lediglich behauptet, ich hätte es geschrieben (1), und von einem, von dem er offensichtlich meint, ich hätte es stattdessen schreiben sollen – was aber nie meine Absicht war (2).[1]

Ad 1: Goldmann behauptet, dass ich den enormen Konstitutionalisierungsschub insbesondere in Europa seit den späten 1980er Jahren beschreibe als »gegenmajoritäres Instrument einer westeuropäischen Elite zur Durchsetzung ihrer Interessen« und dass ich vor dem Hintergrund einer solchen »unterkomplexen«, »flachen« Rekonstruktion des Geschehens, die einer »populistischen Erzählung auf den Leim geht«, eben diese populistische Revolte selbst vollumfänglich salviere, als gesunde demokratische Antwort werte gegen *judicial overreach* und als Rückbesinnung auf unsere gute, alte *elektorale Demokratie*, so, wie sie einst vorherrschend war, vor ihrer *liberalen Disfiguration*. In Verbindung stehe diese meine flache Erzählung mit einer unsystematischen, über das Buch verstreuten und zudem empirisch unplausiblen Kausalanalyse, die das übergriffige Agieren vieler Verfassungsgerichte einzig und allein darauf zurückführen wolle, dass sich im gleichen Zeitraum die Parteiensysteme vieler Länder stark fragmentiert hätten,

1 Matthias Goldmann, *Rechtsstaatsvariationen. Philip Manows »Unter Beobachtung«*. In: *Merkur*, Nr. 905, Oktober 2024; Philip Manow, *Unter Beobachtung. Die Bestimmung der liberalen Demokratie und ihrer Freunde*. Berlin: Suhrkamp 2024.

wodurch es der Politik immer schwerer gefallen sei, dem Recht und den Richtern etwas entgegenzusetzen.

Das alles ist frei behauptet und kommt bezeichnenderweise ohne jeglichen Textbeleg aus. Goldmann muss meine Argumentation erst völlig entstellen, um sie dann als unterkomplex vorzuführen. Lesen kann man hingegen in meinem Buch, keineswegs verstreut, sondern sehr konzentriert auf den Seiten 98 bis 106, als Argument sogar noch einmal zusammengefasst auf Seite 102, dass der enorme Konstitutionalisierungsschub der späten Achtziger und frühen Neunziger in den Transformationsländern Ostmitteleuropas auf einem ganzen Bündel von Motiven beruhte: »die hohe Unsicherheit des Regimeübergangs an sich, der Wunsch nach ›höherrangigem‹ Recht in Ländern mit einer in totalitären Zeiten diskreditierten normalen Gerichtsbarkeit, zusätzlich in Ostmitteleuropa die vorherige Betonung der Menschen- und Bürgerrechte seitens der dortigen Dissidenten, danach die Beratung und Begleitung der Übergangsprozesse durch europäische Akteure sowie deutsche und US-amerikanische Verfassungsjuristen, die ihre Systeme als Blaupause empfehlen, und die fortgesetzte politische Präsenz der alten Kräfte in Form postkommunistischer Parteien – alles dies trägt zur besonders konstitutionalisierten Form dieser Demokratisierungsprozesse bei« (S. 102). In diesem Zusammenhang referiere ich die einschlägige Literatur (Ginsburg, Versteeg, Issacharoff, Sadurski, Gardebaum etc.) – so dass es allein deswegen schon absurd ist, zu suggerieren, ich würde es so darstellen, als sei ich der Erste, dem diese *constitutional revolution* aufgefallen wäre.

Ich stelle hingegen – und das erhebt tatsächlich den Anspruch des Neuen und wurde in der Rezeption bislang auch so anerkannt – diese Konstitutionalisierungsgeschichte in den Kontext der zeitgenössischen Demokratisierungsgeschichte und damit auch insbesondere in den Kontext der gegenwärtig wahrgenommenen Demokratiekrise. Das Bündel von Motiven für die starke Verfassungsverrechtlichung der ostmitteleuropäischen Demokratien ergänze ich lediglich um einen Punkt, der bislang in der Literatur meines Wissens so noch nicht gesehen wurde, nämlich um den Hinweis auf die noch nicht konsolidierten Parteiensysteme in den sich nun gerade demokratisierenden und grundlegend transformierenden Ländern.

Dass das Ganze mit Ausblick auf eine spätere Integration in die Europäische Union geschah und deswegen auch die wohlwollende Unterstützung europäischer Akteure erfuhr, erwähne ich mit entsprechender Referenz (S. 99). Auch das ist in der Literatur völlig unstrittig. Wie man all das als quasi verschwörungstheoretische, populistische Erzählung von der unilateralen Interessendurchsetzung westeuropäischer Eliten, ihrer »Selbstermächtigung«, meint lesen zu können, verstehe wer wolle. Und in genau wessen Interesse welcher westeuropäischen Eliten dann Euro-Krise und fortgesetztes EU-Migrationsdesaster liegen, die ab 2010 und 2015 die Folgen der Integrationshybris der neunziger Jahre manifest werden lassen und die jeweils große Populismusschübe auslösen, muss in Goldmanns Kolportage meines Arguments ja auch völlig rätselhaft bleiben.

Die *empirische* Kritik Goldmanns an meinem, von ihm ohnehin grob verzerrten

Argument geht darüber hinaus ins Leere. Ich spreche ganz explizit an der betreffenden Stelle nicht von der *Fragmentierung* der Parteiensysteme dieser Länder, sondern von ihrer *fehlenden Konsolidierung* (S. 123). Das sind zwei verschiedene Dinge – wie sogar im Text erläutert. Merkmale einer fehlenden Konsolidierung sind unter anderem die kurze Lebensdauer von Parteien (alte Parteien verschwinden andauernd, dafür tauchen ständig neue auf) und ihre wild schwankenden Stimmenanteile, mit der Folge, dass sich die Regierungszusammensetzung von Wahl zu Wahl zumeist komplett ändert, dass also Wähler fast nie Regierungen im Amt bestätigen. Die mangelnde Konsolidierung oder Institutionalisierung der ostmitteleuropäischen Parteiensysteme ist in der Literatur gut empirisch belegt (wurde aber dort ebenfalls noch nicht, wie in meinem Buch, in den Kontext der konstitutionellen Revolution gestellt).[2]

Dass diese mangelnde Konsolidierung nicht gerade dazu beiträgt, dass *die* Politik in der strategischen Interaktion mit *dem* Recht besonders handlungsfähig wird, sollte plausibel sein. Es geht völlig an der Sache vorbei, dem mit herausge-

2 Vgl. Anna Gryzmala-Busse, *Redeeming the Communist Past. The Regeneration of the Communist Successor Parties in East Central Europe*. Cambridge University Press 2002; Andras Bozoki / John T. Ishiyama, *The Communist Successor Parties of Central and Eastern Europe*. London: Routledge 2003; Petr Jurek, *The Institutionalization of Party Systems – Bulgaria, Romania, Croatia and Slovenia in a Comparative Perspective*. In: *Politics in Central Europe*, Nr. 6/1, 2010; Scott Mainwaring, *Party Systems in the Third Wave*. In: *Journal of Democracy*, Nr. 9/3, Juli 1998.

pickten Einzelhinweisen entgegentreten zu wollen, etwa derart, dass die ungarische Fidesz in den 1990er Jahren auch schon mal hohe Stimmenanteile für sich verbuchen konnte, denn um hohe oder niedrige Stimmenanteile geht es hier ja gar nicht – ganz zu schweigen von Goldmanns Verweisen auf Kolumbien, Brasilien oder Südafrika. Parteien – und damit Parteienfragmentierung – spielen eine grundverschiedene Rolle in präsidentiellen Systemen im Vergleich zu parlamentarischen (oder semipräsidentiellen). Aber das sind Goldmanns Fehldeutungen, nicht meine. Seine empirische Kritik an *einem* Aspekt meines Arguments, nicht – wie von ihm insinuiert – dem Argument selber, verdankt sich einer Kombination aus ungenauem Lesen und mangelnder Literaturkenntnis.

Parteien*fragmentierung* spielt in meinem Argument durchaus auch eine Rolle, nämlich erstens als *methodische* Kritik an der vorherrschenden Art und Weise, liberale Demokratie zu messen (die eben diese wichtige Dimension eines stetig ungleichgewichtiger werdenden Verhältnisses von Politik und Recht, also einer Liberalisierung der Demokratie, systematisch ignoriert; ich weise in dem Kontext explizit darauf hin, sogar mit namentlicher Erwähnung des ungarischen Falls, dass man hier zwischen Entwicklungen der west- und osteuropäischen Parteiensysteme differenzieren sollte (S. 190); zweitens und zur Erklärung insbesondere des österreichischen und italienischen Falls – Länder, die sich schon früher konstitutionalisiert hatten, nämlich bereits in den 1950ern, in denen die Verfassungsgerichte aber bis in die 1990er Jahre im Großen und Ganzen politisch unauffällig geblieben waren. Ansonsten und jenseits der Transformationsländer Ostmitteleuropas verweise ich natürlich auf den enormen Integrationsschub, den die Europäische Union in den neunziger Jahren bekommt (und der durchaus auch im Zusammenhang mit dem Ende der Sowjetunion steht, geht es doch nun um eine Einbindung des größeren Deutschland) – und der ja ebenfalls ein Konstitutionalisierungsprozess ist, genauer: ein Prozess krasser Überkonstitutionalisierung, und an dem die Transformationsländer spätestens ab dem Zeitpunkt teilnehmen, zu dem sie der EU beitreten.

Das alles steht im Kontext eines übergeordneten Arguments, dessen Kern lautet, dass wir die Demokratie als konkrete institutionelle Form *und* als dominante Idee historisieren müssen (und dass wir aufmerksam werden sollten, wie das eine, die sich wandelnde institutionelle Form, das andere, die vorherrschende Idee, beeinflusst – und vice versa). Schon dieser grundlegende Punkt, dem ersten Kapitel als Überschrift vorangestellt und damit kaum prominenter zu platzieren (und nirgends schwieriger zu übersehen), lässt sich nicht mit Goldmanns Behauptung in Übereinstimmung bringen, ich würde irgendwo schreiben, dass es gegenwärtig gar keine Krise der Demokratie gäbe und dass – etwa in Ungarn – alles in bester demokratischer Ordnung wäre. Auch für diese Lesart lässt sich im ganzen Buch schlicht kein einziger Textbeleg finden.

Der Rezensent stellt hier nur unter Beweis, dass er das Buch auf eine ganz grundsätzliche Art und Weise missversteht. Statt sich auf eine Seite zu schlagen, macht es einen Schritt heraus aus unseren – überwiegend langweiligen, politisch ganz vorhersehbaren, dabei methodisch völlig naiven – Debatten und fragt nach der Genese von Konzepten, mit denen wir meinen, so etwas wie die Krise der Demokratie erkennen, vermessen zu können.

Eine der wenigen *generellen* Aussagen (neben den vielen sehr konkreten Beobachtungen), die man dem Buch in dieser Hinsicht entnehmen kann, lautet daher auch nur: Falls es gegenwärtig eine Krise der Demokratie geben sollte (die empirische Lage ist alles andere als übersichtlich), kann man sie mit den derzeit vorherrschenden Konzepten weder vermessen noch verstehen. In der historischen Rekonstruktion scheint dazu eine alternative Deutung auf: Das, was wir aktuell *als Anzeichen* der Krise der Demokratie werten, ihre Rechtsstaatskrise, könnte vielmehr auf ihren *Grund* verweisen: auf die völlige Verfassungsverrechtlichung der Demokratie als historisch neuen und von der Motivlage her recht komplexen Prozess. »Die Form des Triumphs der Demokratie in den 1980er und 1990er Jahren bedingt die politische Erscheinungsform ihrer gegenwärtigen Krise« (S. 26).

Ad 2: An Goldmanns Kritik fällt, bei all ihrer Pauschalität und Schärfe (»flach«, »unterkomplex«, populistisch), auf, dass sie vornehmlich eine Kritik an der konkreten kausal-historischen Herleitung ist (präziser: an einem spezifischen Punkt meiner Herleitung), nicht an der Diagnose. Für ihn erzähle ich offensichtlich den Weg, der in unsere gegenwärtige Malaise geführt hat, ganz falsch, weil ganz flach, nicht aber die Malaise selber. Damit räumt er sich im zweiten Teil seiner Rezension den Weg frei für eine andere historische Herleitung – im Sinne des Buches, das ich nicht geschrieben habe, aber, ginge es nach dem Rezensenten, hätte schreiben sollen. In diesem anderen Buch, so Goldmann, hätte es unter anderen gehen müssen um den *Washington Consensus*, um das internationale Staatschuldenwesen und wie die amerikanische Justiz es beeinflusst hat, um Dassonville und Cassis de Dijon, um die Asienkrise oder die von Paul Kirchhof geprägte Maastricht-Rechtsprechung des Bundesverfassungsgerichts, um die AfD als Rechtsstaatspartei und den Milliardär Finck und dergleichen mehr.

Das alles ist interessant (und das meiste in der Literatur bereits gut behandelt) und sicherlich für bestimmte thematische Kontexte auch wichtig. Es hat nur nichts mit meinem Thema zu tun, oder dort, wo es etwas mit ihm zu tun hat, lediglich als Exemplifizierung der These, dass die Juridifizierung der Politik regelmäßig zur Politisierung der Justiz führt. Wenn Goldmann meint, etwas Neues sagen zu können, indem er mitteilt, dass das Recht mal in die eine, mal in die andere Richtung ausschlägt (mal pro Neoliberalisierung, mal als Schutz vor Neoliberalisierung), verweise ich nur auf Seite 93 meines Buches. Und wenn er glaubt, etwas Neues sagen zu können, wenn er Verrechtlichung mit grundlegenderen gesellschaftlichen Entwicklungsprozessen – etwa »Singularisierung« (Reckwitz) – in Verbindung bringt, mit ansteigenden Rechtfertigungszwängen moderner Gesellschaften (Forst) und zugleich ansteigenden individuellen Widerständen gegenüber diesen Rechtfertigungen (Amlinger/Nachtwey), verweise ich nur auf die Seiten 177 und 223/224 meines Buches. Dort findet man nicht viel, aber immerhin mehr als die Selbstbespiegelung eines Milieus plus der Psychologisierung derer, die man lieber nicht dazurechnen möchte. Wenn man einige von Goldmanns Anmerkungen hingegen versteht als Hinweis auf eine völkerrechtliche Verschärfung der verfassungs- und europarechtlichen Fehlentwicklungen der letzten drei Jahrzehnte, habe ich keinen Anlass, das infrage zu stellen. Man könnte sagen: tant pis – und lediglich anmerken, dass damit kein Anlass gegeben ist, mein Argument infrage zu stellen. Es folgt in keiner Hinsicht, dass es damit, wie Goldmann meint, »in sich zusammenfällt«.

Daher ist noch einmal zu betonen (mit einer gewissen Verwunderung darüber, wie man das überhaupt missverstehen kann), um was es denn geht. Es geht um den aktuellen Zustand der Demokratie und ihren Strukturwandel der jüngsten Vergangenheit. Es geht um ihre institutionelle Form und die Konflikte, die aus dieser Form resultieren. Es geht um die Anatomie einer Krise und die Defizite einer Krisendebatte, die für diese Anatomie kein Interesse entwickelt. Es geht um die Frage, wie und wo und von wem politische Entscheidungen getroffen werden und was sich in dieser Hinsicht in der jüngsten Vergangenheit geändert hat – und wie das in unseren Begriffen reflektiert ist oder unreflektiert bleibt. Wer unbedingt noch einmal die Asienkrise nacherzählen möchte, möge das tun, aber nicht mir vorwerfen, ich hätte es versäumt.

Wenn eine Literatur beim *sloppy thinking* ertappt wird, schmerzt das üblicherweise ihre Protagonisten.[3] Es macht die Sache allerdings nicht besser, diesen Schmerz durch eine Kritik der Kritik abwehren zu wollen, die im Wesentlichen auf *sloppy reading* basiert.

3 Man kann eine Debatte natürlich auf verschiedene Weisen nicht führen. Maximilian Steinbeis gibt sich in seiner Rezension *Es geht hier um alles* in der *SZ* vom 12. August 2024 mit einem »Ja, aber Ungarn!« zufrieden.

Das Verschwinden der Wasserfälle

Von Jens Soentgen

Am tosenden Rheinfall bei Schaffhausen stand 1791 als damals junger Mann der Maler Joseph Anton Koch, ergriffen und staunend, wie der Eintrag in seinem Tagebuch dokumentiert: »Gleich dem wilden Strom wallte mein Blut, pochte mein Herz. Es schien mir als riefe mir der Gott des Rheins vom zackigsten Fels zu: Steh auf, handle [...] stemme dich gewaltig gegen Despotismus, reiß auseinander die schimpflichen Bande, welche dich fesseln, sei unerschütterlich [...] in der Verteidigung der Freiheit der Menschheit.«[1]

Die leibliche Resonanz, die Koch betont, ist sicherlich ein Spezifikum gerade des Erlebens von Wasserfällen, deren Donnern so laut sein kann, dass es tatsächlich durch Mark und Bein geht. Hinzu kommen die Ausläufer, die Gischt, die einen bei entsprechenden Dimensionen oft noch über Hunderte Meter hinweg anweht und kühlt. Viele Rheinfall-Besucher haben von ähnlich intensiven Eindrücken berichtet, von Gefühlen der Entgrenzung, von kosmischer Verbundenheit, aber auch von der Schwierigkeit, auszudrücken, was man da denn eigentlich gerade erlebt hat.

Natürlich gab es immer auch prosaischere Naturen, die sich einfach nur enttäuscht oder gar verärgert von der Szenerie abgewandt haben.[2] Koch hingegen erlebt die innere Erschütterung am Rheinfall als persönlichen Anruf. Er hadert schon länger mit dem despotischen Regime und dem verknöcherten Lehrsystem der Stuttgarter Kunstakademie. Auch die Aussicht, später einmal als Hofmaler sein Auskommen suchen zu müssen, ist für ihn wenig attraktiv, zumal er insgeheim mit der Revolution sympathisiert. Innerlich gestärkt vom Bild der über den Felsen stürzenden Wassermassen und wachgerüttelt durch den emotionalen Ausnahmezustand gibt er sich einen Ruck. Er entschließt sich, nach dem Vorbild des Flusses, sein Leben in freiere, wenn auch risikoreichere Bahnen zu lenken. Nach längeren Wanderungen in den Alpen und Italien lässt er sich schließlich in Rom als freier Künstler nieder.

Kodierungen

Die Tradition, wild fließende, schäumende Flüsse als Sinnbild freien und eigenmächtigen Verhaltens aufzufassen, ist alt; schon in der Spätantike, im *Traumbuch* des Artemidor, werden Flüsse mit Richtern und strengen Herren verglichen, weil sie ihre eigenen Gesetze machen und auch

1 Zit. n. Hilmar Frank, *Joseph Anton Koch: Der Schmadribachfall. Natur und Freiheit.* Frankfurt: Fischer 1995.

2 Vgl. Heinrich Gebhard Butz (Hrsg.), *Sie waren am Rheinfall. Der Rheinfall in der europäischen Literatur. Texte vom Mittelalter bis in die Gegenwart.* Zürich: Chronos 2009.

durchsetzen können.[3] Hier scheint es besonders die mechanische Kraft der Wassermassen zu sein, die die Analogie zu Menschen oder Menschengruppen nahelegt, die ihre Macht unbekümmert geltend machen.

Auch in der barocken Allegorik signalisierte Wasser Autonomie. Das Emblem des Amos Comenius etwa, mit dem der prominente Pädagoge, Philosoph und evangelische Theologe die Titelkupfer seiner Werke schmückte, zeigt einen aus einer Quelle frei und kraftvoll fließenden Fluss, sowie Wolken, die Wälder mit üppigem Regen bewässern. *Omnia sponte fluant, absit violentia rerum*, lautet die Umschrift – alles fließe frei, Gewalt sei fern den Dingen: »Denn alles, was natürlich ist, geht von selbst. Das Wasser muss man nicht zwingen, einen Abhang hinunter zu fließen; entferne nur den Damm oder was es sonst zurückhält, und du wirst sehen, dass es sofort fließt.«[4] Das ist nicht nur eine pädagogische Maxime. Der Umstand, dass Comenius, der in seinem Leben hinreichend Gewalt erfahren hatte, dieses Sinnbild seit 1648 verwendete, dem Jahr, in dem der Dreißigjährige Krieg mit dem Westfälischen Frieden beendet wurde, legt nahe, dass er damit auch eine politische Botschaft verband.

Im frühen 19. Jahrhundert waren Wasserfälle ein besonders geschätztes ästhetisches Sujet. Und auch hier wies das Schauspiel über sich hinaus. Noch in den enthusiastischen Schilderungen Alexander von Humboldts (der Joseph Anton Koch gut kannte und schätzte) der Wasserfälle des Orinoco ist die fast republikanische Begeisterung über die eigenmächtige Freiheit, mit der sich das Wasser seinen Weg bahnt, mit der es schließlich die gängelnde Unterlage ganz verlässt, um sich frei hinabzustürzen, deutlich zu spüren. Sie wird noch gesteigert durch das Symbol des versöhnenden und die Szene spirituell erhöhenden Regenbogens, der sich über den tobenden Wassern erhebt: »Eine meilenlange schäumende Fläche bietet sich auf einmal dem Auge dar. Eisenschwarze Felsmassen ragen ruinen- und burgartig aus derselben hervor [...] Dichter Nebel schwebt ewig über dem Wasserspiegel. Durch die dampfende Schaumwolke dringen die Gipfel der hohen Palmen. Wenn sich im feuchten Dufte der Strahl der glühenden Abendsonne bricht, so beginnt ein optischer Zauber. Farbige Bögen verschwinden und kehren wieder.«[5]

3 Artemidor von Daldis, *Das Traumbuch*. Hrsg. u. übersetzt von Karl Brackertz, München: dtv 1979; vgl. auch Martin Ninck, *Die Bedeutung des Wassers im Kult und Leben der Alten. Eine Symbolgeschichtliche Untersuchung*. Darmstadt: WBG 1967; Gregor Weber, *Nachhaltigkeit und Ressourcenschonung*. In: Christopher Schliephake u.a. (Hrsg.), *Nachhaltigkeit in der Antike. Diskurse, Praktiken, Perspektiven*. Stuttgart: Franz Steiner, 2020.

4 Aus der *Didactica magna* (1657), zit. n. Andreas Fritsch, *Alles fließe von selbst, Gewalt sei ferne den Dingen: Das Emblem des Johann Amos Comenius*. In: Werner Korthaase u.a. (Hrsg.), *Comenius und der Weltfriede / Comenius and World Peace*. Berlin: Deutsche Comenius-Gesellschaft 2005.

5 Alexander von Humboldt, *Ansichten der Natur mit wissenschaftlichen Erläuterungen*. Stuttgart: Cotta 1849.

Schillers Zusammendenken des Erhabenen mit der Freiheit

Dass erhabene Naturszenen nicht nur genossen, sondern dass sie als spirituelle Erfahrung und persönliche Anrufung erlebt werden können, wird durch aktuelle neurowissenschaftliche Befunde bestätigt.[6] Für manche Menschen ändert sich nach solchen Erfahrungen »alles«. Man sehe die Welt mit anderen Augen, so wird berichtet, neu und frisch, wie zum allerersten Mal. Man ändere seine Vorstellungen über die Welt und das eigene Leben. Obwohl das Erlebnis abebbt und irgendwann nur noch eine Erinnerung ist, hat es langfristige Auswirkungen. Bisweilen wirkt das Gefühl von Weitung und Freiheit so intensiv nach, dass, wie bei Joseph Anton Koch, die gesamte Lebensbahn einen anderen Kurs nimmt.

Diese Transformationsaspekte hatte schon Friedrich Schiller in den Mittelpunkt seiner Lehre vom Erhabenen gestellt. Und deshalb lohnt es, trotz einer inzwischen reichhaltigen Literatur zu diesem Thema,[7] an Schillers Gedanken zu erinnern. In seiner 1801 publizierten Schrift knüpft er an Immanuel Kants *Kritik der Urteilskraft* an, popularisiert aber nicht nur, wie man manchmal liest, die kantische Darstellung, sondern erweitert sie auch. Ihm geht es besonders um die langfristige *Wirkung* erhabener Naturerlebnisse, denen er einen beträchtlichen Effekt zuschreibt.

6 David B. Yaden / Andrew B. Newberg, *The Varieties of Spiritual Experience. 21st Century Research and Perspectives*. Oxford University Press 2022.

7 Philip Shaw, *The Sublime*. London: Routledge 2017.

Wer Erhabenes sieht, wird innerlich gestärkt und selbst erhoben, denn: »Der Anblick unbegrenzter Fernen und unabsehbarer Höhen, der weite Ocean zu seinen Füßen und der größere Ocean über ihm entreißen seinen Geist der engen Sphäre des Wirklichen und der drückenden Gefangenschaft des physischen Lebens. Ein größerer Maßstab der Schätzung wird ihm von der simpeln Majestät der Natur vorgehalten und von ihren großen Gestalten umgeben, erträgt er das Kleine in seiner Denkart nicht mehr.«[8]

Der Umgang mit solch großen Gegenständen, ihre Wahrnehmung, bilde und ermögliche den Menschen, ihre Potentiale zu entfalten. Und auch das Gegenteil gilt, denn wer sich nie oder zu selten der Ausstrahlung erhabener Gegenstände aussetzte, verkümmere innerlich. So glaubt Schiller, »dass der Karakter der Städter sich so gerne zum Kleinlichen findet, verkrüppelt und welkt, wenn der Sinn des Nomaden offen und frey bleibt, wie das Firmament, unter dem er sich lagert«. Auch wenn die unmittelbare Kausalität, die Schiller der kleinräumigen städtischen Umgebung auf die Persönlichkeit zubilligt, sich vielleicht nur schwer belegen lässt, ist seine These doch nicht ganz von der Hand zu weisen.[9]

8 Friedrich Schiller, *Über das Erhabene*. In: *Kleinere prosaische Schriften von Schiller. Aus mehreren Zeitschriften vom Verfasser selbst gesammelt und verbessert. Dritter Theil*. Leipzig: Siegfried Lebrecht Crusius 1801.

9 Erping Long, *Evolutionary medicine: Why does prevalence of myopia significantly increase?* In: *Evolution, Medicine, and Public Health*, Nr. 1, 2018; vgl. auch Brit Kolditz, *The Loss of Sky-Blue: Changes in the Sky-Environment*. In: *Espes. The Slovak Journal of Aesthetics*, Nr. 12/2, 2023.

Die bildende Wirkung des Umgangs mit erhabenen Gegenständen erschöpft sich für Schiller aber nicht darin, dass sie den geistigen Horizonts weiten, sie ist auch entscheidend für den Umgang mit dem Leben schlechthin, weil sie die von ihm so genannte »übersinnliche Widerstehungskraft« jedes Einzelnen fördert.

Die Naturszenen, die typischerweise als erhaben angesehen werden und auf die auch Schiller hinweist, erlebt man am Meer oder im Gebirge. Kant hatte, als Beispiel für das von ihm so genannte Dynamisch-Erhabene, in seiner *Kritik der Urteilskraft* explizit auch an den »hohen Wasserfall eines mächtigen Flusses u. dgl.« erinnert. Auch hier schließt Schiller an, wenn er schreibt: »Wer [...] weidet sein Auge nicht lieber an Schottlands wilden Katarakten und Nebelgebirgen, Ossians großer Natur, als daß er in dem schnurgerechten Holland den sauren Sieg der Geduld über das trotzigste der Elemente bewundert?«

Gerade der Anrufungscharakter erhabener Naturszenen, ihre Einladung, das eigene Leben in einen größeren Zusammenhang zu stellen, unterscheidet sie von bloß schönen. Beim Schönen, so Schiller, stimmen Natur und Vernunft zusammen. Deren Rahmen wird durch die Erfahrung des Erhabenen aber gerade gesprengt, denn bei dieser stimmen »Vernunft und Sinnlichkeit *nicht* zusammen, und eben in diesem Widerspruch zwischen beiden liegt der Zauber, womit es unser Gemüth ergreift.« Schiller erläutert das so: »Niemand wird läugnen, daß [...] der Verstand, der begreifen und ordnen will, bey einem regulären Wirtschaftsgarten weit mehr als bey einer wilden Naturlandschaft seine Rechnung findet. Aber der Mensch hat noch ein Bedürfnis mehr, als zu leben und sich wohl seyn zu lassen.«

Und er ergänzt: »Die Freyheit in allen ihren moralischen Widersprüchen und physischen Uebeln ist für edle Gemüther ein unendlich interessanteres Schauspiel als Wohlstand und Ordnung ohne Freyheit, wo die Schaafe geduldig dem Hirten folgen und der selbstbeherrschende Wille sich zum dienstbaren Glied eines Uhrwerks herabsetzt.«

Wasserfälle, Wildwasser, Wasserkraft

Während sich das Wildwasser dadurch auszeichnet, dass rasch dahinströmendes Wasser gegen starre Hindernisse wie Felsen prallt und sie tosend umspült, löst sich das Wasser im Wasserfall von seiner Unterlage und fällt in die Tiefe. Ganz scharf kann man beide aber nicht trennen.[10] Wildwasser enthalten in der Regel immer auch Bereiche, in denen das Wasser sich partiell von der Unterlage ablöst und schäumt und tost.

Sowohl Wasserfälle als auch Wildwasser sind beeindruckende Naturszenen, die zunehmend seltener werden. Den Grund hört man schon aus einer Überlegung des Kunsthistorikers Max Schefold heraus, der vor über fünfzig Jahren eine der ersten ikonografischen Studien zu Wasserfällen publizierte. Er schreibt am Schluss seiner Abhandlung: »In unseren Tagen [...] nimmt man wohl in freudiger Überraschung Kenntnis von dem Strömen und Rauschen, bemerkt aber mit kühlem Be-

10 Vgl. Martin Schwarzbach, *Isländische Wasserfälle und eine genetische Systematik der Wasserfälle überhaupt*. In: *Zeitschrift für Geomorphologie*, Nr. 11 (NF), 1967.

dauern, wie viel wertvolle Kraft überschüssig in die Tiefe fällt und der Technik und Energiewirtschaft verloren geht.«[11]

Wasserkraftbauwerke finden sich heute tatsächlich nahezu überall in der Nähe, wenn nicht gar anstelle von Wasserfällen und Wildwassern.[12] In einer neueren Publikation wird für die Schweiz geschätzt, dass dort etwa 60 Prozent der Wasserfälle durch Wasserkraftnutzung oder sonstige Ableitungen beeinträchtigt oder auch gänzlich zerstört worden sind.[13] Der Anteil der Wasserkraft an der Stromerzeugung beträgt in der Schweiz derzeit über 50 Prozent. Und auch international findet man, oft im ganz großen Maßstab, ähnliche Entwicklungen.[14] So verschwanden etwa die Johannis-Stromschnellen bei Štěchovice in Tschechien, deren Tosen in einer eindrucksvollen Passage von Smetanas *Moldau* in Musik verwandelt ist, in den 1940er Jahren in einem Stausee.

Andere Wasserfälle, wie etwa die am Niagara, existieren weiterhin, doch in geschwächter Form. Sie fließen nur noch am Tag mit voller Kraft, denn nachts wird die Hälfte der Wassermassen für die Wasserkraftgewinnung abgezweigt. So macht sich zwar noch immer eine beeindruckende, aber nicht mehr die gesamte ursprüngliche Kraft geltend. Für die Zukunft ist damit zu rechnen, dass diese Entwicklung weiter voranschreiten wird. Weltweit werden neue Staudamm-Projekte geplant oder befinden sich schon in der Umsetzung, auch in Mitteleuropa, und auch am Rheinfall.

Motiviert werden diese Projekte heute in der Regel von der Überzeugung, dass nur mithilfe von Wasserkraftwerken die globalen Klimaziele erreicht werden können. Schließlich ist Wasserkraft, im Gegensatz zu Windenergie oder Photovoltaik, in gewissen Grenzen speicherbar und besser verfügbar – der Wind weht nur manchmal, die Sonne scheint nicht immer, aber Flüsse und Bäche fließen relativ stetig. Weil beim Betrieb von Wasserkraftwerken überdies wenig CO_2 produziert wird, gilt Wasserkraft als nachhaltig.

Aufgrund dieser Überlegungen hat die deutsche Bundesregierung 2022 das Gesetz für den Ausbau erneuerbarer Energien novelliert, das zum 1. Januar 2023 in Kraft trat (EEG 2023). Dort wird im neu eingeführten § 2 formuliert: »Die Errichtung und der Betrieb von Anlagen sowie den dazugehörigen Nebenanlagen liegen im überragenden öffentlichen Interesse und dienen der öffentlichen Gesundheit und Sicherheit. Bis die Stromerzeugung im Bundesgebiet nahezu treibhausgas-

11 Max Schefold, *Der Wasserfall als Bildmotiv. Anregungen zu einer Ikonographie*. In: *Aachener Kunstblätter*, Nr. 41, 1971. Vgl. auch die neuere Untersuchung von Bettina Schmitt, *»Wer gibt mir den Pinsel, wer Farben, dich zu entwerfen«. Zur Geschichte des Wasserfalls als Bildmotiv*. In: Claudia Heitmann (Hrsg.), *Der Rheinfall. Erhabene Natur und touristische Vermarktung*. Regensburg: Schnell + Steiner 2015.

12 Das Wasserkraftwerk in der Nähe des Rheinfalls war eine wichtige Anregung für das Technikdenken und die Technikkritik des späten Heidegger. Vgl. Jens Soentgen, *The River Lech – a Cyborg*. In: *Analecta Hermeneutica*, Nr. 10, 2018.

13 Raimund Rodewald / Bruno Baur, *Wasserfälle. Ökologische und sozio-kulturelle Leistungen eines bedrohten Naturmonumentes*. Bern: Haupt 2015.

14 Vgl. die klassische Darstellung von Patrick McCully, *Silenced Rivers. The Ecology and Politics of Large Dams*. New York: Zed Books 2001.

neutral ist, sollen die erneuerbaren Energien als vorrangiger Belang in die jeweils durchzuführenden Schutzgüterabwägungen eingebracht werden.«

Folgekosten

Das neue Gesetz ist auch für die Zukunft von Wasserfällen und Wildwassern relevant. Schließlich ist damit festgeschrieben, dass bei Abwägungen, bei denen zum Beispiel Naturschutzbelange oder der Schutz und Erhalt von Landschaften bislang gegen die Errichtung von Windkraftanlagen oder Wasserkraftanlagen sprachen, künftig Vorfahrt für die Erzeugung erneuerbarer Energien bestehen wird.[15] Auch Belange des Tierschutzes[16] sowie des Denkmalschutzes usw. werden mit dieser gesetzlichen Vorgabe deutlich geschwächt. Nunmehr sind förmlich alle Varianten von erneuerbaren Energien wieder diskutierbar und werden auch diskutiert, wenn sie sich nicht schon in der Umsetzung befinden.

All das könnte man zähneknirschend als bedauerliche Folgekosten einer ansonsten richtigen klimapolitischen Weichenstellung verbuchen. Ob aber die Opferung von Wildwassern und anderen eindrucksvollen Naturszenerien zur Bremsung der globalen Erwärmung oder auch nur zu einer leichten Abschwächung führt, ist völlig unklar. Derzeit sind weltweit Hunderte neuer Kohlemeiler in Planung, zugleich gehen seriöse Schätzungen davon aus, dass sich die weltweite Flugzeugflotte bis 2041 verdoppeln wird. Trotz des gleichzeitigen Ausbaus erneuerbarer Energien nehmen die globalen Kohlendioxidemissionen deshalb nicht etwa ab, sie steigen vielmehr sogar an. Was sich beobachten lässt, ist bislang eine Verschiebung der Emissionen, leider keine Minderung.

Angesichts dessen ist schwer einzusehen, dass selbst die hochumstrittenen Kleinwasserkraftanlagen weiterhin im Rahmen der erneuerbaren Energien förderfähig sind und bleiben. Solche von privaten Betreibern betriebenen Anlagen verändern nicht größere Wasserläufe, sondern kleine und kleinste. Wie sehr damit ökologisch wertvolle und ästhetisch wirksame Natur beeinträchtigt wird, zeigt eine Zahl: Von 4200 Wasserkraftanlagen in Bayern zählen rund 4000 in die Kategorie der kleinen Wasserkraft. Aus Sicht der Naturschutzverbände und auch des Bayerischen Landesamts für Umwelt wären solche Kraftwerke für die Energieversorgung an sich entbehrlich, da durch Effizienzsteigerungen an den großen Wasserkraftwerken der einstellige Prozentsatz, den diese Kraftwerke zur Energieversorgung aus Wasserkraft beisteuern, leicht kompensiert werden könnte. Ihr ökologischer und ästhetischer Schaden ist hin-

15 Hierzulande ist der Bau von Wasserkraftwerken in Naturschutzgebieten aufgrund der vom grünen Wirtschaftsminister forcierten Gesetzesnovelle inzwischen wieder diskussions- und vermutlich auch genehmigungsfähig. Vgl. den Beitrag *Stadtrat: Geplantes Wasserkraftwerk am Lech unvereinbar mit »Licca Liber«*. In: *Augsburger Zeitung* vom 30. Oktober 2023 (www.daz-augsburg.de/stadtrat-geplantes-wasserkraftwerk-am-lech-unvereinbar-mit-licca-liber/).

16 Fische werden in den Turbinen auch modernster Wasserkraftanlagen in erheblicher Zahl verletzt oder getötet. Vgl. Bayerisches Landesamt für Umwelt, *Fischökologisches Monitoring an innovativen Wasserkraftanlagen* (Projektlaufzeit 2014–2022). (www.lfu.bayern.de/wasser/fischschutz_fischabstieg/ergebnisse/index.htm).

gegen im Vergleich zu diesem niedrigen wirtschaftlichen Profit drastisch, weil die Kraftwerke die Zugänglichkeit und den ästhetischen Wert der Gewässer reduzieren und die Durchgängigkeit insbesondere für Fische in der Regel zerstören.

Flüsse im Rollstuhl

Die Folgelandschaften der Wasserkraftnutzung sind für die, die den vormals freifließenden Fluss oder Bach kannten, oft erschreckend und immer bedrückend. Der Lech zum Beispiel, ein Nebenfluss der Donau, ist nur noch auf der österreichischen Seite ein Wildfluss. Zwischen Reutte und Füssen quert er die österreichisch-deutsche Grenze und ändert sofort seinen Charakter.[17] Denn von dort an ist er fast durchgehend, bis zur Mündung in die Donau, zu einem langgestreckten Wasserkraftwerk verbaut.

Begonnen wurde diese Transformation in der NS-Zeit mit der Begründung, das Vorhaben sei »kriegswichtig (Dringlichkeitsstufe I)«.[18] In der Nachkriegszeit wurde die Begründung geändert, an den alten Plänen hielt man jedoch fest. Die Maßnahmen wurden fast ohne Abstriche, trotz gewaltiger Proteste von Naturschützern, aber auch von Kanu-Vereinen, durchgesetzt. Nur in wenigen ganz kurzen Abschnitten, von denen der längste und bekannteste das Naturschutzgebiet Litzauer Schleife ist, fließt der Lech auf der bayerischen Seite noch halbwegs natürlich.

Zwar wirbt man am Lech mit einzelnen »Wildwasserstrecken« und »Wasserfällen«, doch sind diese künstlich angelegt, wie etwa der Wasserfall am Hochablass oder die dortige Kanustrecke. Ansonsten ist der Lech eingebaut in eine riesige technische Anlage, in eine sogenannte »Kraftwerkstreppe«.[19] Von Füssen bis zur Mündung in die Donau beträgt die »Rohfallhöhe« 297 Meter. Über zwanzig Staustufen sind als Treppen in dem steilen Geländeprofil einbetoniert. Jeder Schwall Lechwasser, der ungebunden und frei in die Landschaft der Voralpen hereinströmt, fließt, geleitet durch Längsbauten, ab Füssen durch rund zwanzig Kraftwerke, ehe er nach Augsburg gelangt. Vier weitere Kraftwerke erwarten das Lechwasser dann in Augsburg, und einige weitere, ökologisch besser verträgliche stehen an der Flusstrecke zwischen Augsburg und der Mündung in die Donau. Fische kommen da nicht mehr durch, auch wenn es hier und da Fischtreppen gibt.

Bei einer Tagung in Augsburg wurde der Lech vor kurzem als »Fluss im Rollstuhl« bezeichnet, der förmlich geschoben werden müsse und nur noch dank vieler

17 Vgl. die Beiträge in Marita Krauss/Stefan Lindl/Jens Soentgen (Hrsg.), *Der gezähmte Lech. Ein Fluss der Extreme*. München: Volk 2014.

18 Ministerialrat Arno Fischer an den Landrat Schongau, Landsberg, Friedberg, Kaufbeuren, Schwabmünchen und Augsburg am 16. September 1940 (Archiv Landsberg am Lech; NA 5193). Die Landräte wurden angewiesen, das Unternehmen »tatkräftig« zu fördern.

19 Bayerisches Landesamt für Wasserwirtschaft, *100 Jahre Wasserbau am Lech zwischen Landsberg und Augsburg: Auswirkungen auf Fluß und Landschaft*. München, 1984. Vgl. Eon Wasserkraft (Hrsg.), *Gewaltige Kräfte am Lech. Regenerative Energie aus Wasserkraft*. Landshut 2008.

Infusionen überlebe.[20] Womit allerdings nicht das Wasser gemeint war, das auch in dem für die Wasserkrafterzeugung fast vollständig verbauten Lech weiterhin von selbst fließt, sondern das sogenannte Geschiebe, das in natürlichen Fließgewässern eine wichtige ökologische Rolle hat. Die Kiesel, die einst den Lech begleiteten, auf seinem Grund vorangeschoben wurden wie ein zweiter Strom, werden durch die Wasserkraftwerke zurückgehalten, weil sie die Turbinen beschädigen würden. Wenn aber Kiesel fehlen, frisst sich der Fluss immer tiefer in den Untergrund. Um dies zu verhindern oder zumindest zu verzögern, werden diese Kiesel von den Wasserkraftbetreibern tatsächlich im großen Maßstab mit Lastwagen um die Staumauern herumgefahren und flussabwärts an besonders kritischen Stellen in den Fluss gekippt.

Da der Fluss so reguliert wird, dass sich der aus ihm gewonnene Strom mit möglichst hohem Gewinn an der Börse verkaufen lässt, kommt es überdies dazu, dass am Wochenende, wenn weniger Strom gebraucht wird, auch der Lech frei hat und nur spärlich fließt, während es am Montag wieder losgeht mit der Arbeit. Gefühle von Erhabenheit, von Weite und von Freiheit vermag ein derart eng eingefasstes, vollständig auf Beherrschbarkeit und ökonomische Nutzbarkeit zugerichtetes Gewässer nicht mehr zu vermitteln.

Abschied nehmen

Es ist absehbar, dass der Ausbau erneuerbarer Energien in den nächsten Jahrzehnten weltweit forciert werden wird. Im *World Hydropower Outlook* 2024 schreibt der Präsident der International Hydropower Association, Malcolm Turnbull: »To meet net zero goals [...] hydropower needs to double by 2050.«[21] Auch global ist also mit einem weiteren Verschwinden von Wasserfällen und Wildwassern zu rechnen; wobei dieser Prozess von den Akteuren nun nicht mehr, wie früher, mit dem Versprechen industrieller Entwicklung verknüpft wird, die angeblich ›allen‹ und nicht nur wenigen nutzt, sondern mit der Verheißung, dass auf diesem Weg die globale Erwärmung gestoppt und damit ein Ziel erreicht werden soll, an dem allen gelegen sein muss.

Die vielleicht eintretende leichte Moderation der globalen Erwärmung wird erkauft durch die Beschädigung von Flussökosystemen. Damit wird ein Trend unter neuen Vorzeichen fortgesetzt, der sich seit vielen Jahrzehnten beobachten lässt. Als 1982 die Tore der Staumauer am Rio Paraná geschlossen wurden, um das gemeinsam von Brasilien und Paraguay errichtete Kraftwerk Itaipú in Betrieb nehmen zu können, versanken die riesigen Wasserfälle, die als Guairá Falls, im Spanischen als Saltos del Guairá und im Portugiesischen als Sete Quedas (Sieben Fälle) bekannt waren, innerhalb von zwei Wochen in den sich stauenden Wassern. Die heute in Eu-

20 So die Wasserbauingenieurin Silke Wieprecht, Universität Stuttgart, in einem mündlichen Beitrag auf dem Lech-Zukunftssymposium in Augsburg im Oktober 2022.

21 International Hydropower Association (IHA), *2024 World Hydropower Outlook* (www.hydropower.org/publications/2024-world-hydropower-outlook).

ropa kaum mehr bekannten Wasserfälle galten, wie weitgereiste Besucherinnen und Besucher, die sie noch sehen konnten, immer wieder bestätigten, als die eindrucksvollsten der Welt. Edward Rashleigh, der 1935 ein einzigartiges Werk über die Wasserfälle aller Kontinente publizierte,[22] beginnt es mit den Sete Quedas, denn diese seien die mit Abstand größten Wasserfälle auf der ganzen Welt. Wenige Jahrzehnte später verschwanden sie.

Das Kraftwerk wurde durchgesetzt und 1984 in Betrieb genommen. Von nun an lieferte der Strom Strom, und Itaipú war lange Zeit das größte Wasserkraftwerk der Welt. Es deckt etwa ein Fünftel des Elektrizitätsverbrauchs Brasiliens und zugleich den Großteil des derzeitigen Strombedarfs von Paraguay. Das Land gilt daher als herausragendes Beispiel für »Grüne« Energie, denn sein Strom stammt zu einhundert Prozent aus sogenannten erneuerbaren Quellen. Auch Brasilien erzeugt 65 Prozent seines Stroms aus Wasserkraft und wird von manchen Beobachtern als »Vorreiter« in den erneuerbaren Energien angesehen.

Dass die Gewinnung erneuerbarer Energien mit der Vernichtung nichterneuerbarer Naturmonumente und Ökosysteme erkauft wird, kann man an den Sete Quedas studieren. Obwohl die Akteure in einer typischen Argumentation versicherten, dass die Folgelandschaft zwar anders, aber gleichfalls schön sei, dass mit den *Foz do Iguaçu* ja immer noch ein großer Wasserfall übrig sei, wussten die Anwohner, darunter viele Indigene vom Volk der Guarani, von denen die meisten ihre Lebensgrundlage verloren, durchaus, was in Wirklichkeit verlorenging. 1350 Quadratkilometer Land wurden überflutet, 42 444 Menschen umgesiedelt.[23] Ein Naturmonument von globalem Rang war für immer verschwunden.

Wie geht man mit solchen Verlusten um? Verzweiflung, Hass oder Wut liegen nahe. Vielleicht ist Trauern ein Weg. Trauern kann man gemeinsam, und es gibt Formen und Rituale, die das Trauern erleichtern. Trauern kann einen Verlust nicht ungeschehen machen, aber ist darauf gerichtet, dass man irgendwann wieder Mut und Hoffnung fasst. Deshalb ist Trauern wichtig. Auch in Deutschland erschöpfen sich Texte, die sich mit untergegangenen Landschaften befassen, keineswegs in rein sachlicher Information oder in der Anklage, sondern tragen mehr oder weniger offen zu dieser Trauerarbeit bei.[24]

Dennoch ist das Trauern um zerstörte Natur bei uns oft individuell. In Brasilien fand man einen Weg, den Verlust gemeinsam zu verarbeiten. Man versammelte sich zu einem auf indigene Vorbilder zurückgehenden Trauerfest, zu einem Quarup. Dies ist ursprünglich eine Zeremonie zum Abschied von Häuptlingen indigener Gruppen. Sie zeichnet sich dadurch aus, dass es nicht nur um Abschied, sondern auch um eine Regeneration geht. Am Ende werden Objekte, die die Toten symbolisieren, in einem nahegelegenen Ge-

22 Edward C. Rashleigh, *Among the Waterfalls of the World*. London: Jarrolds 1935.

23 Richard Niland, *Death by Water: The Rise and Fall of Los Saltos del Guairá*. In: *Environmental History*, Nr. 23/1, Januar 2018.

24 Vgl. das schöne Buch von Eberhard Pfeuffer (Hrsg.), *Der ungebändigte Lech. Eine verlorene Landschaft in Bildern*. Augsburg: Wißner-Verlag 2011.

wässer versenkt, und alle Angehörige des Stammes erhalten neue Namen.[25] Im Juli 1982 versammelten sich rund 3000 Ökologen, 30000 Touristen und 7000 Anwohner in der Stadt Guaíra, um gemeinsam Abschied zu nehmen: *Adeus a Sete Quedas* fand brasilienweit Beachtung.[26] Vielleicht bewahren Rituale wie dieses nicht nur die Erinnerung an das, was verlorengeht, sondern beleben auch die Wahrnehmung für das, was trotz aller Zerstörung immer noch existiert.

25 Vgl. die ausführliche Beschreibung in der Magisterarbeit von Ana Paula dos Santos, *Lago de memórias: A submersão das Sete Quedas*. Universidade Estadual de Maringá, 2006 (repositorio.uem.br:8080/jspui/bitstream/1/2951/1/000165467.pdf). Zum Quarup bei indigenen Gruppen vgl. Christopher Hampton, *Savages*. London: Faber & Faber 1974.

26 So verfasste der brasilianische Dichter Carlos Drummond de Andrade ein Gedicht *Adeus a Sete Quedas*. In: *Khipu*, Nr. 6/11, 1983 (mit der Übersetzung von Curt Meyer-Clason).

Kill your darlings: Polleschs Irrtum, Wennschondennschons Küche

Von Christoph Paret

> Das Zusammen-Pizza-Essen,
> das ist das Problem.
> René Pollesch, *Kill your Darlings*

> *Zweitbester*
> Name eines Wiener Lokals

Das Gegenstück zu den Klagen über Leistungsdruck, Versagensängste oder das »Impostor-Syndrom« besteht in der kaum einmal eingestandenen Angst, etwas Definitives zu schaffen. Die Befürchtung, niemals gut genug zu sein, verbirgt womöglich nur die gegenteilige Befürchtung, *einmal* gut zu sein. Denn was sollte danach noch kommen? Man denke beispielsweise an Lévi-Strauss, der spätestens in den sechziger Jahren seine bindenden Werke geschrieben hat, der als Strukturalist geistesgeschichtlich eingeordnet ist, um dann im Jahr 2009, als niemand mehr an ihn denkt, alle Welt mit seiner Todesnachricht zu überraschen: Da hatte einer offenbar vier Jahrzehnte lang sein Leben in der Form des Nachlebens zugebracht. Canetti: »Einer, der sein Lebenswerk mit Dreißig vollbracht hat und dann hundert Jahre alt wird. Er hat Zeit, seinen Ruhm, seine Vergessenheit und seine Wiederentdeckung zu erleben.«[1]

Schwer zu sagen, was vermessener ist: das ewig optimistisch-verbissene »Da geht noch was« oder das resignativ-gelassene »Er sah, dass es gut war«. Der Beginn von Baudrillards *Cool Memories*: »Die anfänglich überwältigende Wirkung der Wüsten und Kaliforniens ist verschwunden, und doch, um ehrlich zu sein, gibt es etwas Schöneres auf der Welt? Es scheint unwahrscheinlich. Ich muss davon aus-

1 Elias Canetti, *Das Buch gegen den Tod*. Hrsg. v. Sven Hanuschek, Peter von Matt u. Kristian Wachinger. München: Hanser 2014.

gehen, dass ich – einmal im Leben – den schönsten Ort gefunden habe, den ich jemals sehen werde. Genauso vernünftig ist es, anzunehmen, dass ich auch die Frau getroffen habe, deren Schönheit mich am meisten verblüffte und deren Verlust mich am meisten verletzte. Eine zweite Eventualität der gleichen Ordnung ist unwahrscheinlich – in jedem Fall würde die Frische, die Ungekünsteltheit des Ereignisses verloren gehen. Genauso wahrscheinlich ist es, dass ich auch das eine – oder die zwei – besten Bücher geschrieben habe, die ich je schreiben werde. Sie sind abgehakt. Das ist der Lauf der Dinge. Und es ist sehr unwahrscheinlich, dass ein zweiter Geistesblitz an dieser unumkehrbaren Tatsache etwas ändern wird. Hier beginnt der Rest des Lebens. Aber der Rest ist das, was einem als Extra gegeben wird, und es hat einen Charme und eine besondere Freiheit, einfach alles kommen zu lassen, mit der Gnade – oder dem *Ennui* – eines späteren Schicksals.«[2] Das restliche Leben als (nicht mehr ganz so) schönes Extra. Baudrillard sollte zum Zeitpunkt der Abfassung dieser Zeilen noch siebenundzwanzig Jahre zu leben haben.

Kill Your Darlings

Wenn man das Beste hinter sich hat, muss man sich nicht mehr beweisen. Man kann schicksalsergeben der Dinge harren, die da kommen. Es bleiben *cool memories*. Es sei denn, und hier schaltet sich René Pollesch ein, man hätte in vorauseilender Resignation auf das Beste immer schon verzichtet. War das nicht der Witz seines vielleicht besten Stücks, um dessen beste Stücke man fortlaufend gebracht werden sollte?

»Warum bringt sich eigentlich
niemand mehr aus Liebe um?
Die besten Szenen werden Sie heute
Abend nicht sehen, denn die würden
wir alle nicht ertragen.
Deswegen heißt der Abend ›Kill your
Darlings‹.
Alle fallen auf den Boden.
Die besten Szenen werden wir heute
Abend nicht zeigen, denn die
könnten wir alle gar nicht ertragen.
Ich auch nicht, ich könnte nie wieder
ein Theaterstück spielen,
und Sie könnten nie wieder in einen
Theaterabend hineingehen,
denn:
Sie haben das Beste bereits gesehen,
und Sie werden es nie wieder
erleben,
deswegen haben wir die Spitzen
abgeschnitten,
denn die sind nicht zu leben.«[3]

Warum also bringt sich eigentlich niemand mehr aus Liebe um? Ein Paar, das unter der Voraussetzung eine stabile Beziehung führt, dass sie nicht die große Liebe sind. Denn sonst würden sie einander eine große Enttäuschung sein. So aber sind sie miteinander ganz zufrieden. Andererseits hatte es bei Pollesch geheißen: »Denn hier ist so wenig LEBEN.«

2 Jean Baudrillard, *Cool Memories, 1980–1985*. Paris: Editions Galilée 1987.

3 René Pollesch, *Kill your Darlings! Streets of Berladelphia*. In: Ders., *Kill Your Darlings. Stücke*. Hamburg: Rowohlt 2014.

Ästhetische Amnestie

»Kill your darlings« als das Canceln der Spitzen? Man hätte aus guten Gründen überrascht sein können über diese Leseweise eines Mottos, das als bewährter Tipp diversen Schreibwerkstätten und Kunstworkshops entsprungen war. Dort war es immer darum gegangen, die *darlings* um der Spitzen willen zu opfern. Es gab da immer diese eine Textpassage, diese bestimmte Szene oder diesen Teil des Bildes, in die besonders viel Herzblut geflossen waren, und sie mussten entfernt werden, um objektive Qualität zu erreichen: »Ich musste meiner Muse den Fuß auf die Kehle setzen« (Majakowski). Wenn man, wie Pollesch es vorschlug, das Beste opferte, hätten die Schätze gerade nicht daran glauben sollen. Sie zu killen hätte umgekehrt gewährleistet, das Beste daraus zu machen. Und was, wenn unsere Schätze deshalb unsere Schätze wären, weil wir sie immer schon von dem Anspruch entbunden haben, das Beste zu sein? In einem Gespräch hatten Boris Groys und Alexander Kluge für einen Moment den Zauber der Massenkultur gestreift und dessen heimlichen Wahlspruch: *Don't kill our darlings!*

Alexander Kluge: Wirklich heilig, haben Sie einmal gesagt, seien im Mittelalter die Ikonen gewesen, die schäbig aussahen und künstlerisch wertlos waren, während die großen, individuellen Kunstwerke nicht heilig waren und nebenherliefen.

Boris Groys: Die vollendeten Bilder haben ihre Erlösung in sich selbst, die mittelmäßigen konnten nur erlöst wurden durch die Gnade der Massenverbreitung.

Alexander Kluge: Da zahlen die Menschen ihren guten Willen ein, ihren Glauben.

Boris Groys: Es ist ein Akt der Gnade, als ob man sagen würde: Das sieht nicht so gut aus, aber ich liebe es trotzdem und gerade deswegen.

Alexander Kluge: Auf die Puppe, die nur noch aus Stroh besteht mit ihren ausgerissenen Augen, wendet das Kind seine ganze Liebe …

Boris Groys: Wohingegen das Vollendete abweisend ist. Das ist auch eine Antwort auf die Frage, warum die Hochkultur und große intellektuelle Leistungen sich schlecht medial verbreiten. Sie haben diese Qualität des Mittelmäßigen und Vertrauten nicht und fordern keine Liebe und Gnade vom Betrachter. Die Möglichkeit gnädig zu sein ist das, was die Menschen wirklich anspricht…[4]

Die Massenkultur erhält ihre Chance weniger durch eine allgemeine kritiklose Akzeptanz (der Irrtum avantgardistisch gesinnter Kritiker), sondern durch wiederkehrende Momente der Großmut, wo man ästhetisch Gnade vor Recht ergehen lässt. Was wäre das Mittelmäßige ohne unser aller konstantes »Lass mal gut

4 *Arbeiterparadies als Traumfabrik. Boris Groys über die Massenkultur der Utopie*. In: dctp, *News & Stories* vom 15. Februar 2004. (www.dctp.tv/filme/news-stories-15-02-2004). Kluge bezieht sich (»haben Sie einmal gesagt…«) auf ein Gespräch von Groys mit Georg Baselitz (in: Boris Groys/Max Hollein (Hrsg.), *Traumfabrik Kommunismus. Die visuelle Kultur der Stalinzeit*. Ostfildern: Hatje Cantz 2003).

sein«? Was wären wir ohne es? Das Mittelmäßige gewährt uns die Gelegenheit, ästhetisch Amnestie zu gewähren, als wären wir freundlich vor allem unter unserem Niveau.

Wenn schon, denn schon

Ich weiß nicht mehr genau, was uns dazu bewog, in dieses verwaiste Restaurant im 17. Bezirk Wiens zu gehen. Daneben ein überfüllter Asia-Schnellimbiss, der es uns sicherlich erlaubt hätte, kulinarisch Gnade walten zu lassen. Hier Dunkelheit und Stille. Hinten in der Küche hantierte ein einsames Männlein am Herd. Er schenkte uns keine Beachtung. Irgendwann tauchte er auf und fragte fast vorwurfsvoll, was wir wollten. Die Karte bitte. Eine Karte habe er nicht, bei ihm gebe es immer nur *eine* Speise, und auch die würde sich von Stunde zu Stunde ändern. Wir sahen uns besorgt an. Was gebe es denn gerade? Wolfsbarsch. Wir stimmten einigermaßen bekümmert zu, und hatten wir denn eine Wahl?

Irgendwann ertönte ein Glöckchen. Nichts passierte. Da raunzte es aus der Küche: Wir könnten uns unser Essen abholen. Als wir auftauchten, regte er sich auf über die allgemeine Unsitte, sich bedienen zu lassen. Daheim sei man sich ja auch nicht zu schade dafür, sein Geschirr selbst zu holen und wieder zurückzubringen. Einigermaßen geknickt trotten wir zu unserem Platz. Schon tauchte er bei uns auf. Er würde uns keinen Vorwurf daraus machen, wenn wir den Fisch mit Besteck äßen, aber er empfehle, es mit Fingern zu tun. In diesem Zusammenhang fielen zum ersten Mal die Worte »Wenn schon, denn schon«. Wenn man diesen Fisch schon einmal esse, dann am besten ohne Besteck. Wir gehorchten: So weich die Konsistenz des Barsches! Wir aßen also, und es schmeckte.

Der Koch kam zu uns an den Tisch. Wenn er schon koche, dann müsse das auch gut sein, der Fisch und das Gemüse seien frisch. Was habe uns hierhergeführt? Als wir sagten, dass wir nebenan schwimmen waren, schaute er uns fast mitleidig an. Herrlich sei es zu schwimmen, aber nicht in einem Schwimmbad, nicht auf diesen engen Bahnen, im gechlorten Wasser. Er bevorzuge das Meer oder notfalls einen Fluss. Für die Donau sei es noch zu kalt, gaben wir zu bedenken, das Meer recht weit entfernt. Nun, das sei eben der Grund, weshalb er auf das Schwimmen verzichte. »Wenn schon, denn schon«, dachte ich…

Ein Fahrradkurier mit übergroßem Thermo-Rucksack trat ein. Sofort war unser Koch in Rage: Der Lieferant sei an der falschen Adresse, es sei der Nachbar, der seine Kundschaft vergifte. Abgang des Kuriers. Er sehe es nicht ein, erklärte uns der Koch, Leuten Essen nach Hause zu liefern, wo sie es dann halb abwesend zu sich nähmen, während sie schlechte Serien schauen: Wenn schon, denn schon…

Zugegeben, dieser Restaurantbesuch ist der Darling des Texts. Der Text hätte so gut sein können, wenn diese Episode gekillt worden wäre! Und wodurch wird sie gekillt? Wie so häufig durch die Moral von der Geschicht.

Wohlunterrichtete Gäste

Man würde seltener essen gehen, wenn man befürchten müsste, in einem Restaurant erzogen zu werden. Denn ist es nicht eines der schönen Dinge am Essengehen, dass es sich dabei um keinen existentiellen Akt handelt? Wie beruhigend also festzustellen, dass ein solcher Koch eine Ausnahmeerscheinung bleibt. Er heißt übrigens Youkhana Ishak, das Restaurant »Johans Küche«.

Wir aber nennen ihn, wenn wir unter uns sind, den Wennschondennschon. Es hängt viel davon ab, hier nicht der Versuchung zu erliegen, dann, wenn er kocht, unser eigenes Süpplein zu kochen, indem man aus dem Wennschondennschon, der noch aus dem Irak Saddam Husseins auswanderte, zum Beispiel den Flüchtling, den Regimekritiker, den Vorzeigemigranten, den Steuerzahler, den anständigen Ausländer macht. Das alles mag zutreffen oder nicht, es könnte mir nicht gleichgültiger sein. Denn wenn der Wennschondennschon mein Darling ist, dann, weil er weit entfernt davon ist, integriert und angepasst zu sein. Stattdessen will es mir so vorkommen, als betrachte er uns halb spöttisch, halb erzürnt und würde an uns die Frage richten, woran wir eigentlich schon viel zu lange angepasst sind, in welche Art der Gesellschaft wir uns ohne den geringsten Widerstand integriert haben. Natürlich formuliert er diese Fragen nicht wirklich. Der Wennschondennschon kocht, das ist Statement genug.

Wir hatten unsere Lektion jedenfalls gelernt, ganz erstaunt, dass Derartiges als Restaurantbesucher überhaupt möglich, ja nötig sein könnte, und waren seither öfters da. Der Wennschondennschon hat seine Gäste sichtlich gut erzogen. Es ist eine kleine verschworene Gemeinschaft mit ihren charakteristischen Ritualen: Folgsam gehen sie erst einmal in die Küche und erkundigen sich, was es heute gebe, brav erheben sie sich beim Klang der Glocke, artig bringen sie anschließend ihr benutztes Geschirr wieder zurück. Nur manchmal gibt es Unstimmigkeiten mit Uneingeweihten, die seltsame Unterscheidungen aus der Außenwelt ins Spiel bringen, mit denen ihr Wirt wenig anfangen kann. Ob er auch etwas Vegetarisches anbiete, hörte ich kürzlich eine Frau fragen, er beruhigte sie: Das Fleisch sei bio und von ausgezeichneter Qualität. Vegetarisch oder nicht, das ist für ihn offenbar kein nennenswerter Unterschied, gut oder schlecht, das ist die einzig relevante Frage. Ja, mir schmeckt es da, aber das hier soll keine Restaurantkritik abgeben, und was weiß ich schon von der Küche, geschweige denn von der assyrischen? Ohnehin würde in diesem Fall eine Restaurantkritik nur die offensichtliche Tatsache herunterspielen, dass ein Restaurant selbst als eine Art Kritik fungieren kann.

Asketismus revisited

»Wenn schon, denn schon«: Wer hätte den Mut, das auf sich zu beziehen? Wer wäre dem gewachsen? Wenn ich beispielsweise schon schreibe, kann ich dann guten Gewissens diesen Text verfassen oder hätte ich es nicht lieber bleiben lassen sollen? Wenn Sie schon etwas lesen, muss es dann das hier sein oder nicht besser der vorherige Text? Kann man sich auch nur im Entferntesten ausmalen, in welcher Welt wir leben würden, wenn nach diesem Prinzip Politik und Zeitungen und Wissenschaft und Urlaub und Kleidung gemacht würden? Man versteht nur zu gut, dass selbst jemand wie Pollesch an dieser Stelle zurückschreckte: »Deswegen haben wir die Spitzen abgeschnitten, denn die sind nicht zu leben.«

Nicht zu leben? Gewiss doch, aber dann, gibt uns der Wennschondennschon zu verstehen, bleibt einem immer noch die Möglichkeit offen, sich vieles zu ersparen. »Wenn schon, denn schon« ist auch ein Prinzip des Verzichts. Nun ja, verzichten müssten wir ohnehin, hört man von verschiedenen ideologischen Seiten: Wirtschaftskrise, Kriegswirtschaft, Umweltzerstörung... Wir müssten unsere Ansprüche zurückschrauben, heißt es, als ob das dasselbe wäre: Verzicht zu üben und seine Ansprüche zu senken. Man muss schon beim Wennschondennschon in die Lehre gegangen sein, um zu erahnen, dass wir womöglich noch gar nicht begonnen haben, Ansprüche zu entwickeln, ganz im Gegenteil. Stattdessen haben wir im Sinne Polleschs die Darlings gekillt, wir haben auf das Beste verzichtet, um auf nichts sonst zu verzichten.

Unser allgemeiner Unwille zur Askese beruht offenbar selbst auf einer bestimmten Askese: Wer sich in ein Restaurant setzt und glaubt, zwischen fünfzehn Gerichten auswählen zu müssen, der hat sich bereits dadurch vom Anspruch verabschiedet, anderes als Aufgetautes zu essen. Um sich die Optionen offenzuhalten, darf nur das Beste keine Option sein. Es geht hier nicht um die x-te Diagnose eines kulturellen Niedergangs, es geht um den Verdacht einer stillschweigenden kollektiven Verabredung, unterhalb unserer Möglichkeiten zu bleiben: Damit möglichst viele Möglichkeiten bleiben. Man verabschiedet sich von der Möglichkeit, beim Besten Halt zu machen, und erst das erlaubt es einem, weiterzumachen. Pollesch, der Mr. Mehr-als-zweihundert-Stücke himself: »Irgendwie reicht es ja wohl dazu, weitermachen zu wollen. Ich will das ja auch.«

Und umgekehrt macht der Wennschondennschon eine Form der Enthaltsamkeit denkbar, die nichts mit verkniffener Askese zu tun hat: Es ist der Verzicht auf alles, ausgenommen auf das Beste. Wenn schon Schwimmengehen, hatte er gesagt, dann im Meer, und wenn nicht dort, dann nirgendwo. Vor diesem Hintergrund ist der Wennschondennschon vielleicht einfach der klassische Asket. Was nämlich, wenn die Asketen, die bislang historisch aufgetreten sind, asketisch immer bloß aus der Außenperspektive gewesen wären?

Was sie selbst anlangte, hätten sie auf nichts Bedeutendes verzichtet. Sie hätten etwas entdeckt oder wären zumindest auf der Suche nach etwas gewesen, was ihnen wichtiger war als Essen, Sex, Bequemlichkeit, Posten: Kafkas Hungerkünstler, der »nicht die Speise finden konnte, die mir schmeckt. Hätte ich sie gefunden, glaube mir, ich hätte kein Aufsehen gemacht und mich vollgegessen wie du und alle.« Aus dem Blickwinkel dieser Asketen wären die Normalmenschen nicht diejenigen, die gelassen speisen, sondern die sich haben abspeisen lassen. Was so ein Asket ist, lässt nur das Beste gut genug sein, alles andere lässt er sein. Es ist also allerhand, was uns der Wennschondennschon auftischt, sofern es denn nicht bloß assyrische Küche ist. Kann es sein, dass »Wenn schon, denn schon« die Antwort auf alle unsere Fragen ist? Zumindest die Antwort auf Polleschs *Kill your Darlings*? Wobei Letzteres selbstverständlich beinhaltete, auch die Antwort zu killen. Es gebe die Antwort nämlich, hatte Pollesch versichert.

»Aber wir mussten sie rausschneiden.
Ihr hättet das einfach nicht ertragen,
und wir hätten das auch nicht
ertragen.

Es war eine Antwort, die nicht zu
leben ist.
Sie war die beste aller Antworten, sie
war richtig, aber nicht zu leben.

Nein, rätselt nicht herum! Ihr kommt
nicht drauf. Sie war auch nicht
einfach.
Es war die Antwort auf all unsere
Fragen.«

Life on Mars?

Von Albert Burneko

Der Mars hat keine Magnetosphäre. Hier könnte man sofort aufhören, weiter über die Besiedlung des Roten Planeten durch den Menschen zu sprechen. Aber natürlich wird trotzdem immerzu weiter darüber diskutiert. Klar, man braucht nur einen kostengünstigen Plan für einen, Moment, aktiven Dynamo, den man dem toten Kern des Mars implantiert. Kein Plan? Nein? Egal, kein Problem. Gibt bestimmt eine andere nachhaltige und umsetzbare Idee, wie man die Bewohner des Mars gegen die tödliche solare und kosmische Strahlung abschirmen könnte? Nein. Hm. Naja, dann lass uns über etwas vergleichbar Realistisches sprechen, zum Beispiel den Bau eines Apartmentkomplexes in Mittelerde.

Verstehe. So schnell will sich den Mars keiner ausreden lassen. Gut. Stellen wir uns vor, das Fehlen eines Magnetfelds sei aus irgendeinem Grund nicht weiter problematisch. Machen wir uns also an die Simulation des Lebens auf dem Mars. Schritt eins: Wir räumen unsere Gefriertruhe leer. Schritt zwei: Wir sperren uns darin ein. (Das Handy kann mit, da wollen wir mal nicht so sein.) Bei ganz großem Hunger können unsere Liebsten uns von draußen Lebensmittel reinreichen, allerdings frühestens neun Monate später. Diese Neun-Monats-Frist gilt auch, wenn wir gegen die Wand zu hämmern beginnen und darum bitten, dass man uns rauslässt.

Glückwunsch. Wir haben nun erfolgreich simuliert, was es bedeutet, auf dem Mars zu leben, sobald wir das Problem gelöst haben, dass es auf dem ganzen Planeten nicht genug Luft für einen einzigen Atemzug gibt. Ja, wir sind bei der Simulation leider auf jämmerliche Weise krepiert. Wir werden niemals auf dem Mars leben.

Sprechen wir über das Atemproblem. Die Atmosphäre der Erde ist reich an Sauerstoff vor allem dank der Grünpflanzen, die hier Photosynthese betreiben. Wir haben wirklich verdammt viele Grünpflanzen hier. Manche denken, wir könnten die Atmosphäre des Mars atembar machen, indem wir ein paar Grünpflanzen auf ihn transportieren: Sie werden das Sonnenlicht gierig verschlingen und Sauerstoff produzieren, den können die Menschen dann atmen. Das ist der, ääh, Kreislauf des Lebens (?) – oder so ähnlich. Diese Idee nennen sie »Terraforming«.

An dieser Stelle der Diskussion möchte ich zwei liebe Freunde von mir ins Spiel bringen. Ihre Namen sind »Der Südpol« und »Der Gipfel des Mount Everest«. Der

Südpol befindet sich 2800 Meter über dem Meeresspiegel und wie alle anderen Teile der Erde ungefähr 44 Millionen Meilen näher an der Sonne als irgendein Punkt auf dem Mars. Er sitzt eingekuschelt in die nährstoffreiche Atmosphäre eines Planeten, auf dem es von Leben wimmelt. Verglichen mit dem allerwirtlichsten Platz auf dem Mars ist der Südpol ein unvorstellbar fruchtbarer Garten Eden. Im Folgenden die Liste pflanzlichen Lebens, das hier wächst: nichts. Und die Liste all der Tiere, die sich hier fortpflanzen: keine.

Trotz der enormen Vorteile, die der Südpol im Vergleich zum Mars hat, obwohl er sich auf einem Planeten befindet, auf dem lebende Wesen Milliarden und Abermilliarden Jahre Zeit hatten, sich anzupassen und in einem unfassbar reichhaltigen Spektrum von Biomen zu gedeihen – auf einem Planeten, auf dem gigantische Röhrenwürmer lichtlose Ozeantiefen kolonisieren, in denen Menschen wie eine Traube unter einem Klavier zermatscht würden; selbst auf einem solchen Planeten ist komplexes Leben am Südpol unmöglich. Es ist zu kalt, die Beziehung zum Sonnenlicht zu erratisch. Aus astronomischer Perspektive ist es praktisch derselbe Ort wie die an Leben reichsten und biodiversesten Stellen des bekannten Universums, und doch ist es keiner Spezies gelungen, hier eine dauerhafte, sich selbst erhaltende Population aufzubauen. Niemals.

Der Gipfel des Mount Everest befindet sich etwa 8800 Meter über dem Meeresspiegel, mitten in jenen balsamischen irdischen Breiten, die den lieben langen Tag die Sonne genießen. Verglichen mit irgendwo auf dem Mars ist es der Schoß Gottes des Herrn. Keine Pflanze wächst hier. Keine Tiere leben hier. Trotz der steten subtropischen Sonneneinstrahlung, trotz Bedingungen, die unendlich viel lebensfreundlicher sind als die auf dem Mars, kann auf dem Gipfel des Mount Everest kein komplexes Leben entstehen. Es ist zu kalt; die Luft ist zu dünn; es gibt kein flüssiges Wasser für Pflanzen und Tiere. Wer auf dem Gipfel des Mount Everest steht, kann buchstäblich auf Orte blicken, an denen Pflanzen und Tiere glücklich wachsen und leben und sich reproduzieren, und doch hat keine Spezies eine sich selbst erhaltende Population in den Hochlagen des Everest etabliert. Sogar Mikroben halten sich lieber zurück.

Das Leben auf der Erde als Ganzes, das große Netzwerk des Lebens, ist eine großartigere und dynamischere Terraforming-Maschine, als sich irgendjemand vorstellen kann. Sie ist seit Milliarden von Jahren ohne Pause aktiv. Und doch hat sie weder den Südpol noch den Gipfel des Mount Everest terraformiert. Was genau war der Zeitplan für die Schuhschachtel mit den Flechten, die wir zum Mars schicken wollen, damit sie die Gefrorene Luftlose Radioaktive Wüstenhölle in einen Ort transformieren, an dem Menschen Weizen anpflanzen können?

Die Leute haben die Vorstellung, Leben sei eine Art magischer Kraft; dass der Grund dafür, dass es kein Leben auf dem Mars gibt, darin besteht, dass es noch nicht dorthin gelangt sei; dass das Leben, sobald es mal irgendwo ist, mühelos herausfindet, wie es dort dann auch fortlebt. Das liegt, fürchte ich, daran, dass mehr Menschen ihre wissenschaftliche Bildung der von Jeff Goldblum gespielten Figur des Ian Malcolm in *Jurassic Park* verdanken als dem tatsächlichen Naturwissenschaftsunterricht. Oder, großzügiger formuliert, es verdankt sich der Tatsache, dass wir so gut wie all unsere Ideen über die Natur des Lebens an jenem Ort gewonnen haben, der im uns bekannten Universum der mit Abstand lebensfreundlichste, ja, der einzig lebensfreundliche ist.

Jedenfalls lag Ian Malcolm ganz genau falsch, als er sagte: »Das Leben … [Jeff Goldblum, stammelnd] … findet einen Weg.« Ja, klar, solange mit »Leben« etwas wie »Bakterien« gemeint ist und die Herausforderung darin besteht, sich im Inneren meines Hauses zu vermehren. In dem Fall findet das Leben einen Weg. Im größeren Zusammenhang, nein, da findet es keinen. Jedenfalls hat es selbst auf der prokaryotischen Ebene an keinem anderen für die Menschheit irgend beobachtbaren Ort einen gefunden als eben nur auf der Erde.

Dass wir uns auf diesem üppigen, schönen, reichhaltigen Planeten befinden, ist kein Beweis für den Ressourcen- und Erfindungsreichtum des Lebens. Es ist auch kein Zufall. Hier ist der Ort, an dem das Leben entstehen konnte; wir sind hier, weil hier da ist, wo wir sein konnten. Sogar hier, wo die Dinge komfortabler eingerichtet sind, als es sich unsere hellsten Köpfe je vorstellen könnten, brauchte es Milliarden von Jahren und Reproduktionen sonder Zahl, bevor individuelles Leben avanciert genug war, um etwas so Dämliches denken zu können wie: »Hey, ziehen wir auf den Mars.«

Die Menschheit wird niemals eine dauerhafte Siedlung auf dem Mars errichten. Wirklich niemals. Es besteht auch gar keine Notwendigkeit, nach Wegen dahin zu suchen. Die apokalyptischen Szenarien der Science-Fiction-Autoren – und ihrer verachtenswerten Genossen, der Zukunftsforscher – haben zwei Versionen der Fluchtnotwendigkeit von der Erde entwickelt.

Da sind zum einen die, in denen es nicht annähernd gelingt, die Erde so höllisch und unwirtlich zu machen, wie der Mars es von Anfang an ist. Darunter so schöne Sachen wie globale Atomkriege, Zusammenbruch der Nahrungsketten, Auslöschung durch Pandemien und das eugenische Schreckgespenst der »Überbevölkerung«. In keiner dieser Vorstellungen zum Beispiel verschwindet der Sauerstoff komplett von der Erde. Oder löst sich die Magnetosphäre vollständig auf. Es wäre noch immer unendlich viel aussichtsreicher, eine auf diese Weise zerstörte Erde wieder bewohnbar zu machen als einen Mars, so wie er ist. Hier mein Pro-Tipp: Der Planet, auf dem man sich für das Überleben eines solchen apokalyptischen Ereignisses vorbereiten möchte, ist jener, auf dem Sie diesen Text lesen.

Zum anderen sind da die Szenarien, über die nachzudenken sich eigentlich gar nicht lohnt. Nämlich die Begegnung mit planetenzerstörenden Asteroiden. Seien wir optimistisch und großzügig und nehmen an, dass sich im Lauf von 500 000 Jahren enormer Anstrengung der gesamten Spezies, die die Ressourcen des Planeten, auf dem wir leben, mehr als aufbrauchen würde, der Mars in einen Ort »terraformieren« ließe, an dem eine menschliche Ansiedlung eine Weile lang sinnloserweise den furchtbaren Alptraum einer Existenz durchstehen könnte und sich dabei traurige Geschichten davon erzählt, wie es war, in der Welt der unendlichen Biodiversität und Schönheit zu leben, die die bescheuerten Bewohner des Mars zerstört haben, um sie verlassen zu können. Ganz toll. Wirklich ein wunderbarer Traum, das alles. Leider macht er aber nur Sinn, wenn man zwar einen planetenzerstörenden Asteroiden 500 001 Jahre im Voraus antizipieren, aber auf keine andere Weise ablenken oder die Auswirkungen abmildern kann. Sonst muss man schlicht darauf hoffen, dass der planetenzerstörende Asteroid nicht vorbeikommt, während man dabei ist, die Erde unbewohnbar zu machen, um sie für einen noch einmal schlechteren Ort verlassen zu können.

Aber, wichtiger: Es gibt kein Szenario, in dem Menschen versuchen können, den Mars zu kolonisieren, und zugleich lange genug auf der Erde überleben, um dann dort leben zu können. Tut mir leid, dass ich da der Überbringer schlechter Nachrichten bin. Aber so ist es nun mal: Die Anstrengung, den Mars zu kolonisieren, wird dafür sorgen, dass niemand lange genug überleben wird, um in die Kolonie zu übersiedeln. Das macht die Idee des Versuchs, diese Kolonie zu bauen, moralisch verwerflich.

Jeder ist heute mit Konzepten wie der CO_2-Bilanz, Nachhaltigkeit und so weiter vertraut. Größen für die ökologischen Kosten dessen, was wir tun. Eines der lästigsten Probleme, die die Biosphäre der Erde derzeit quälen, sind die empörenden Kosten vieler Aspekte vieler menschlicher Lebensformen. Die Gesellschaft begreift zum Beispiel erst nach und nach und zu spät die Tatsache, dass es unentschuldbar und unhaltbar teuer ist, Kaffeebohnen aus dem schmalen Gürtel, in dem sie wachsen, in die ganze Welt zu schicken, damit jeder allmorgendlich seinen Cappuccino bekommt. Oder dass die Erwartung billiger Steaks und das ganze Jahr verfügbarer Tomaten und eines neuen IPhone pro Jahr den Planeten aufheizt und dass als Konsequenz daraus die Wasserzyklen und Wettersysteme kollabieren. Die natürliche Welt zu planieren und toxischen Müll auf ihr zu verteilen, damit jeder Amerikaner ein riesiges Auto von seinem zu großen, klimaanlagengekühlten, freistehenden Einfamilienhaus wohin immer er will bewegen kann, ist schlicht inkompatibel mit den Bedürfnissen des restlichen Lebens, das wir je im beobachtbaren Universum entdeckt haben. So ein Pech! Was schon den Lebensstil des durchschnittlichen Hausbesitzers zum Feind des Lebens als solchen macht, gilt milliardenfach für jeden Einzelnen in einer theoretischen Mars-Kolonie. Seine ökologischen Fußabdrücke hätten die Größe ganzer Nationen, vom ersten normalmenschengroßen Fußabdruck im sterilen gefrorenen Regolithboden des Mars an. Ein Pfund Kaffee aus Kenia nach Connecticut zu transportieren, ist gar nichts im Vergleich zur Idee, Mehl zum Mars zu verfrachten.

Das ist nur ein Grund, warum das andere schreckliche Doomsday-Szenario, die unvermeidliche Expansion der Sonne inklusive Vernichtung der Erde, ebenfalls keine Basis für einen Mars-Umzug bietet. Das Ganze wird sich nicht früher als in rund vier Milliarden Jahren zu ereignen beginnen. Das ist wirklich noch sehr lange hin. Die menschliche Rasse existiert jetzt seit etwa 300 000 Jahren. Vier Milliarden Jahre sind 13 000 Mal so viel Zeit. Vor vier Milliarden Jahren war die Erde ein weitgehend flüssiger vulkanischer Blob mit keiner komplexeren Lebensform als ein paar Mikroorganismen darin. Es sind erst einmal 3,75 Milliarden weitere Jahre vergangen, bevor die ersten Dinosaurier ins Bild kamen. Die gesamte Lebensspanne der Menschheit (bis heute) passt 216 Mal allein in den Zeitraum zwischen dem Verschwinden der Dinosaurier und den ersten Spuren des Menschen.

Sie merken schon, worauf ich hinauswill. Spoilerwarnung: Es wird kein einziger Mensch zugegen sein, wenn Sonne Erstaunlich Groß ein Problem zu werden beginnt. Dafür im Voraus zu planen ist etwa so, als bemühte sich eine vorzeitliche Amöbe um ein pangäisches Grundstück mit Meerblick, um dessen Gentrifizierung durch die Menschen in den 1990ern zu verhindern. Und selbst in den optimistischsten Tagträumen, in denen irgendwelche Abkömmlinge der Menschheit in vier Milliarden Jahren noch existieren, um sich einen Kopf über die expandierende Sonne zu machen, werden sie uns kein bisschen gleichen; womöglich sind sie totale Idioten und ekelerregend; zur Hölle mit ihnen. In jedem Fall dürfen alle Prepper die Dosen heute schon öffnen.

Nichts von dem, was in den bisherigen 38 oder wie vielen auch immer erschöpfenden Absätzen steht, ist Elon Musk unbekannt, jener megareichen Dumpfbacke von einem Trottel, die berühmt dafür ist, Dinge für mehr Geld zu kaufen, als sie wert sind, und diese dann schlechter zu machen. Kürzlich hat er mal wieder törichtes Zeug über seine Mars-Kolonie-, was wäre hier überhaupt das treffende Wort: -Pläne? -Visionen? -Absichten? gepostet. Jedenfalls glaubt er, das sei etwas, das passieren muss und kann und wird. Er betrachtet die Arbeit von SpaceX als Teil des Unternehmens der zukünftigen Mars-Kolonisierung.

Es ist wichtig, die hirnrissigen Raumkolonie-Ideen dieses Deppen zu kennen; und dass es wichtig ist, spricht schon für den extrem schrecklichen und peinlichen Stand der Dinge. Die kapitalistische Gesellschaft erlaubt eine derart abgründige Ungleichverteilung von Reichtum und Macht, und die USA haben ihren öffentlichen Sektor auf so entsetzliche Weise verkommen lassen, dass ein Typ wie Musk eine schreckliche Schwerkraft auf die Welt um ihn ausübt: Was immer er für notwendig hält – eine Menge Leute werden die Arbeit daran aufnehmen, weil sie dafür mehr Geld bekommen als für fast alles andere. In welches Loch er auch immer sein Vermögen werfen will – eine erschreckende Menge der auf der Welt verfügbaren Ressourcen und Arbeit springen direkt hinterher.

Diese Arbeit wird für jene, die sie unter Musk leisten, im Grunde suizidal sein. Eine verräterische und Frösteln machende Formulierung in einem seiner Tweets zum Thema lautet »die wahrscheinliche Lebensspanne des Bewusstseins«; deren Vergrößerung ist das, was Musk als das – in Wahrheit trostlose und abscheuliche – Ziel der interplanetarischen Kolonisierung begreift. Welcher Prozentsatz der menschlichen Rasse – und der nichtbewussten Lebensformen – müssen überleben, damit Bewusstsein fortexistiert?

Diese Rangordnung der Prioritäten, bei der die Erweiterung der »wahrscheinlichen Lebensspanne des Bewusstseins« der sakrosankte Zweck ist und die Kolonisierung des Weltraums das Mittel dazu, ist in erster Linie eine monströse Generalerlaubnis für die bösartigen sozialen Vorstellungen dieser bigotten Person, eine Art *reductio ad absurdum* dessen, was seit einiger Zeit unter dem Namen »effektiver Altruismus« figuriert.

Die Fantasie – und es ist eine Fantasie – hat mit Weltraumreisen und Exploration und einer strahlenden Star-Trek-Zukunft der Menschheit nichts mehr zu tun. Es geht um Auslese und Eugenik, um buchhalterisch kalte Rettungsbootlogik, um die Verlagerung aller Mittel von den darbenden Vielen zu den Wenigen, deren Leben blüht und gedeiht. Das ist die Welt, die Elon Musk und seine Kohorte erträumen; die Kolonisierung des Mars ist nur ein Vorwand dafür.

In einer weniger durchgeknallten Gesellschaft würde eine Figur mit Musks unverschämt in die Welt posaunten Ideen sich eher unter einer Guillotine als an der Spitze einer Weltraumagentur finden, wo er die Macht hat, ungeheure Ressourcen für seine ketamingeschwängerten Ayn-Rand-Träume zu verschwenden. Die Gewissheit, dass er niemals einen anderen Planeten bewohnbar machen wird, ist für den Rest von uns kein Trost, wenn er beim Versuch, es zu tun, mit diesem hier das Gegenteil erreicht. Das eigentliche Doomsday-Szenario ist etwas, das uns nicht von außen, sondern von innen bedroht. Ich hoffe, er stirbt auf dem Mars.

Aus dem Englischen von Ekkehard Knörer

Warten auf die Jäger

Von Susanne Neuffer

Die Lage ist da. Die Wölfe sind da. Das ganze Gerede und Geraune der letzten Jahre und Monate – jetzt stimmt es.

Als der Rufbus mich abgesetzt hat, treten die Nachbarn aus ihren Häusern, ein Empfangskomitee. Alle paar Meter erzählt man mir dieselbe Geschichte in kleinen Variationen.

Eine Hirschkuh ist gerissen worden, ihr riesiger Kopf ist übrig geblieben. Das Pferd des Nachbarn lag blutig aufgeschlitzt auf der Weide.

Die Behörden schweigen.

Die Jäger dürfen nicht schießen.

Die Laborbefunde sind nicht eindeutig.

Ich gehe ins Haus, im Normalfall eine Leihgabe der Götter für ein paar Tage, mit Blick über Pferdeweiden und Wald in eine ziemlich endlose Ferne.

Die Fallen im Keller sind wieder voll, tote, halbierte, stinkende Mäuse. Die müssten entfernt werden, die Fallen gereinigt und wieder befüllt.

Ich schließe die Tür zum Keller und mache mir einen Kaffee. Etwas schwimmt auf der Oberfläche. Ein Kaffeekrümel? Es ist ein Ohrenkneifer.

In den nächsten Tagen sammle ich Informationen, Eindrücke. Einige Dorfbewohner haben sich Pfefferspray gekauft. Niemand geht mehr in den Wald. Einer führt seinen Hund mit dem Auto aus. Der Schulbus holt die wenigen Kinder an den Haustüren ab. Auf den Wiesen am Waldrand sieht man keine Rehe mehr, Hasen auch nicht, sagen die Leute.

Hélène Grimaud, wie sie Klavier spielt und ein Wolf ihr zärtlich die Pfote auf die Schulter legt.

In der Nacht steht der Vollmond über dem Wald wie in einem Vampirfilm. Ich weiß inzwischen, dass sie nicht heulen, sondern heiser bellen. Sie suchen nach den Pferden, die jetzt nachts in den Ställen sind. Es sind immer zwei.

Jeder hat etwas gesehen oder gehört, trotzdem hält das offizielle Schweigen an, wahrscheinlich wegen der wenigen Feriengäste.

Die Frau in Norwegen im Tierpark, die um zwölf Uhr mittags die Wölfe fütterte, ihnen nahekommen durfte, sie näherkommen ließ: Seit Jahren war sie nicht mehr im Urlaub, kein Wochenende nahm sie frei. Wer sollte schließlich die Wölfe versorgen?

Die Jäger grummeln. Sie würden ja gern, aber wenn sie den falschen Wolf erschießen, verlieren sie ihren Jagdschein. Außerdem haben sie es schon versucht, aber die Biester sind schlau, sagen sie.

Die Polizei hat versucht, die Wölfe, die vor dem Stall herumlungerten, mit einem Megafon zu vertreiben. Erfolglos. Klappt ja auch bei Demonstranten nicht unbedingt.

Ich hätte gern eine Waffe. Wie die Leute auf Spitzbergen, die ganz lässig ein Gewehr über die Schulter hängen, wenn sie das Stadtzentrum verlassen.

Natürlich muss ich einkaufen. Außer Tee und Nudeln ist nichts mehr im Haus. Der übliche Weg zum nächsten und einzigen Laden im Nachbardorf führt durch den Wald. Ich nehme den langen Weg über die Landstraße.

Und danach sitze ich in einem silbrig glänzenden SUV neben der freundlichen Frau, die auf meine vorsichtige Anfrage hin behauptet hat, sie müsse in meine Richtung. Was nicht stimmt. Nie und nimmer würde sie durch den Wald gehen, sagt sie. Wir plaudern über echte Wölfe und Hybridwölfe, wie man sonst über das Wetter, die Pilze und die Preise redet.

Im Haus sind immer noch Mäuse, die an den Wänden entlang laufen und über meinem Kopf in der Zwischendecke herumtrappeln. Sie müssen wieder frische Fallen bekommen, bestückt mit Erdnussbutter. Sie sind anspruchsvoll, auf Käse reagieren sie schon lange nicht mehr. Die Nachbarin vom großen Hof schräg gegenüber hat Waschbären mit Weintrauben und Bananen in einer Falle gefangen, wo der Jäger sie diskret erledigt hat.

Ein gerissenes Pferd, die tote Hirschkuh, dazu der Nandu im Gehege am Reiterhof, der Wolf, der – »ein wunderschönes prachtvolles Tier« sagt die Augenzeugin – am Rosenmontag an der Bushaltestelle saß. Und die zwei Grauen, die angeblich nachts an meinem Haus vorbeiliefen in Richtung Pferdestall.

Man wechselt leicht die Seite, wenn man im letzten Haus im Dorf sitzt und täglich mit neuen Geschichten gefüttert wird.

Die Wölfe in Finnland, denen wir beim Fressen zusahen. Wir hatten Eintritt bezahlt, die Bären hatten sich in ihrem artgerechten Gehege verzogen, so zeigten sich wenigstens die Wölfe hinter meterhohen Drahtzäunen, unruhig hin und her streifend, fressend. Wir sahen ihnen von hohen drahtgesicherten Besucherbrücken aus zu.

H. geht nicht mehr zum Friedhof. Der Mesner aus dem Tal, der jeden Sonntag den weiten Weg zur Klosterkirche hochsteigt, hat jetzt immer ein Messer dabei. I. geht nur noch mit einem Damenschirm mit langer Spitze aus dem Haus und wirbelt ihn kampflustig im Kreis.

Im TV beschwichtigende Serien, sanfte Frauen, die sich mit dem Wolf gegen Investoren verbünden. Ihnen tut der Wolf nichts.

Nächste Woche kommt die Wolfskommission, heißt es.

Die Dame von der Wolfskommission wird aus dem Taxi steigen, einen violetten Wollmantel und hohe Stiefel tragen, in der Hand ein metallenes Köfferchen halten. Uns vorwurfsvoll ansehen.

U. verlockt mich zu einer trotzigen kleinen Wanderung. Etwas hat sich verändert an der Art, wie wir gehen, aufmerksam, sichernd, wie alte Trapper und weniger aufmerksam im Gespräch.

Es ist Sonntag, das Wetter ist klar und schön, aber kein Wanderer ist am heiligen Berg der Franken unterwegs. Nur ein Mountainbiker rast an uns vorbei durchs Gehölz. Als wir wieder aus dem Wald heraus sind, sehen wir unser stilles Dorf in der Nachmittagssonne liegen: Die Weiden ums Dorf sind leer, die Tiere in den Ställen, die Bewohner in den Stuben.

Busse und Züge entfernen mich umständlich, aber reibungslos aus dem Wolfsgebiet. Während der Fahrt schreibe ich im Kopf einen leicht unkritischen Lobgesang auf die Zivilisation, bin bereit, Dreck, Menschenmengen und Verkehrsprobleme gleichmütig hinzunehmen. So ist eben die Großstadt.

Ich biege in meine Straße ein. Hundert Meter vor meiner Haustür liegt etwas auf dem Gehweg. Es ist eine große tote Ratte.

Neben ihr sitzt eine Krähe, als würde sie Totenwache halten.

Der Merkur im Internet: Aktuelle Interventionen und Kommentare, Reaktionen auf Texte in der Druckausgabe, Blicke ins Archiv, Hinweise zu Tagungen und Links zu lesenswerten Artikeln und Essays online, zu finden unter:

www.merkur-zeitschrift.de/blog/

Demnächst:

Moritz Rudolph
Schöne Seelen

Nacim Ghanbari
How to Support a Revolution (II)

Christian Demand
Homestorys (V)